보신각, 시간의 울림

Bosingak Belfry:
Echoes of Time

서울역사박물관 | 공평도시유적전시관

Foreword

Gongpyeong Historic Sites Museum is an urban museum located in Jongno, the heart of Seoul. Since its opening on September 12, 2018, it has been preserving and exhibiting the old alleyways and building sites of Hanyang (the former name of Seoul). These artifacts date back to the 16th to 17th centuries during the Joseon Dynasty and are showcased in the museum's permanent exhibition hall.

In 2024, Gongpyeong Historic Sites Museum is presenting a special exhibition titled *Bosingak Belfry: Echoes of Time*. An old map of Hanyang shows the location of Jongnu, a bell tower now known as Bosingak Belfry, at the intersection of Namdaemunno leading to Sungnyemun Gate and the street to Heunginjimun Gate. The museum is situated just north of Bosingak Belfry, and the nearest subway station, Jonggak, derives its name from one of the old names for the bell tower. *Bosingak Belfry: Echoes of Time* delves into the history and transformations of Bosingak Belfry, which can be considered the historical foundation of Jongno, as well as the stories of the people who lived their daily lives in its vicinity.

During the Joseon Dynasty, the people of Hanyang lived their lives in sync with the regular ringing of the bell from Bosingak Belfry, which echoed within the city walls and marked the start and end of each day. Over time, however, with the introduction of a more modernized western time system, Bosingak Belfry lost its original role as Hanyang's public clock. Despite the convenience and precision of modern clocks, many people still missed the sound of the bell from Bosingak Belfry. After Korea's liberation from Japanese colonial rule, the bell-ringing ceremony at Bosingak Belfry became a way for Koreans to make wishes while listening to the resonating sound of their cultural heritage.

Although modest in size, the exhibition has received a large amount of help from numerous individuals since its preparation phase in 2023. I would like to express my gratitude to the organizations that provided valuable artifacts and documents for this exhibition, as well as to the researchers who offered their academic expertise with great interest and dedication.

July 2024

Choi Byung-goo Director of the Seoul Museum of History

전시를 열며

공평도시유적전시관은 서울의 중심인 종로에 위치한 도시박물관입니다. 2018년 9월 12일 개관 이후, 상설전시실에서는 16~17세기 조선시대 한양의 골목길과 건물지를 전면적으로 보존하여 소개하고 있습니다.

기획전시로는 조선시대부터 비교적 가까운 근현대 시기를 아우르며, 전시관이 자리 잡은 종로 인근의 잊지 말아야 할 중요한 역사적 장면을 밀도 있게 조명하였다고 자부하고 있습니다. 그 결과 개관 특별전인 〈의금부 금오계첩〉(2019)을 시작으로, 〈운종가 입전笠廛, 조선의 갓을 팔다〉(2020), 〈한양의 家, 견평방 가옥〉(2020), 〈화신백화점, 사라진 종로의 랜드마크〉(2021), 〈서울 최초의 도시공원, 탑골공원〉(2022), 〈우리가 만나던 그곳, 종로서적〉(2023) 등의 기획전시를 개최하였습니다.

공평도시유적전시관에서는 2024년 기획전시로 〈보신각, 시간의 울림〉을 준비하였습니다. 한양의 옛 지도를 보면 숭례문에서 북쪽으로 이어지는 남대문로와 흥인지문에 이르는 지점에 현재 '보신각'이라 부르는 '종루'가 있었습니다. 공평도시유적전시관은 이 보신각 바로 북쪽에 위치하고 있으며, 전시관에서 가장 가까운 지하철역인 종각역의 '종각'도 보신각의 옛 이름 중 하나입니다. 이번 전시는 종로의 역사적 근본이라 할 수 있는 보신각의 역사와 그 변천 과정, 그리고 그 속에서 일상을 살아갔던 사람들에 대해 살펴보는 전시입니다.

조선시대 한양 사람들은 도성에 일정하게 울려 퍼지는 보신각 종소리를 들으며, 하루를 시작하고 마무리하였습니다. 오랫동안 한양의 공중시계 역할을 담당했던 보신각은 근대 서양식 시간 체계의 도입과 함께 본래의 역할을 잃게 되었습니다. 더 편리하고 정확한 시계를 사용하면서도 사람들은 보신각 종소리를 그리워하였습니다. 해방 이후, 우리는 타종행사를 통해 다시 소리를 찾은 보신각 종소리의 울림에 소망과 염원을 담고 있습니다.

이번 전시는 비록 큰 규모는 아니지만, 2023년 준비 단계부터 많은 분들의 도움을 받았습니다. 소중한 유물과 자료를 제공해 주신 기관과 애정을 가지고 학술 자문에 응해주신 학계 연구자들께도 이 자리를 빌려 고마운 마음을 전합니다.

2024년 7월

서울역사박물관장 **최 병 구**

전시를 만든 사람들

전시총괄
최병구 노은주

전시기획
반혜영 최영미

전시진행
김성룡 인지민

자료조사
박수연 이재신 정지원 권재현

전시보조
박수연 이재신 정지원
김다솜 길은정 최예담
김예린 이지민 안연주

전시자문
김상혁 윤용현

전시도록
최영미 박수연 이재신 정지원

논고
유승희 윤용현

고문서 번역
김태진 송철호

조사연구 진행
류위남

조사연구
박희용 유승희 최인영 김미정 박현
(2023년 공평도시유적전시관 보신각 조사연구)

유물출납
이현아 김채정

사진촬영
최인호 최찬식 신성민 이윤서

보존환경
신장하

행정지원
강경숙 오세진 이혜미
정서영 유지훈

전시설계 및 공사
에픽 지키다 수

영상제작 · 편집
시선커뮤니케이션 이재신

전시도록 디자인
가을기획

번역
서울셀렉션

유물운송
예랑

유물대여 가나다순
국립고궁박물관
국립중앙과학관
서울우리소리박물관
송파책박물관

자료제공 가나다순
간송미술문화재단
국립경주박물관
국립고궁박물관
국립민속박물관
국립중앙도서관
국립중앙박물관
서울기록원
서울대학교 규장각한국학연구원
서울우리소리박물관
(재)수도문물연구원
한국정책방송원
EBS

일러두기

1. 이 책은 공평도시유적전시관 기획전시 **'보신각, 시간의 울림'**(2024년 7월 19일~2025년 3월 16일)의 전시도록이다.
2. 도록에 수록된 유물은 유물 명칭, 저자(작가), 시대, 크기, 소장처, 기증자, 유물번호 순으로 표기하였다.
3. 유물 크기는 세로×가로×높이 순이며, 단위는 cm, 그 외 필요한 경우에는 별도 표기하였다.
4. 본문 가운데, 책은 『 』, 첩은《 》, 지도·서화는〈 〉, 논문은「 」로 표기하였다.
5. 서울역사박물관 소장 유물은 소장처를 별도 표기하지 않았으며, 외부 대여 유물은 별도로 소장처를 표기하였다.
6. 전시 이해를 돕기 위해 전시에 출품하지 않은 유물이 전시 도록에 수록되어 있다.
7. 서울역사박물관 소장 유물 사진은 서울역사박물관에 저작권이 있으며, 그 외 대여 자료는 각 소장처에 저작권이 있다.

CONTENTS

목차

Prologue

In the heart of Seoul's "Jongno" district, which means "bell street," stands Bosingak Belfry. Anyone passing through the streets of Jongno can see the bell pavilion, so it is a familiar sight in the area. The sound of the bell ringing from Bosingak Belfry on New Year's Eve is even a familiar tradition.

For hundreds of years, Bosingak Belfry was a nationally owned, public clock. While the water clock installed at Borugak Pavilion in the royal palace measured time, it was the resounding chime of the bell at Bosingak Belfry that announced the time throughout Hanyang. Thanks to the regular ringing of the Bosingak bell during the Joseon Dynasty, the people of Hanyang could begin and end their days on schedule.

The *Bosingak Belfry, Echoes of Time* exhibition delves into the history and transformations of Bosingak Belfry. It consists of three parts. These three parts provide an opportunity to examine the daily lives of the people of Hanyang during the Joseon Dynasty, accompanied by the ringing of the bell from Bosingak Belfry.

프롤로그

보신각普信閣은 종로 거리를 지나는 누구나 볼 수 있는 친근한 대상입니다. 이 때문에 보신각이 위치한 거리를 '종이 있는 거리'라고 하여 종로鍾路라고 불렀습니다. 더욱이 한 해의 마지막 날에서 새해로 넘어갈 때 듣는 보신각 제야의 종소리는 습관처럼 익숙하기도 합니다.

과거 보신각은 오랫동안 나라에서 관리하는 공중시계였습니다. 보루각에 설치된 자격루가 시간을 측정하면, 보신각의 종을 쳐 한양 전체에 시간을 알렸습니다. 조선시대 한양 사람들은 정해진 시간에 울리는 보신각 종소리로 하루를 시작하고 마무리할 수 있었습니다.

이번 전시는 '보신각, 시간의 울림'이라는 주제로 보신각의 역사와 그 변천 과정을 소개하는 자리입니다. 이를 따라가다 보면 보신각 종소리 울림을 들으며 살아갔던 조선시대 한양 사람들의 일상을 살펴볼 수 있을 것입니다. 1부는 조선의 시간 체계와 조선 전기 발달했던 시간 측정 기술, 2부는 보신각 종소리로 시작하고 마무리하는 한양 사람들의 다채로운 삶, 3부는 근현대 보신각의 변화 양상에 대한 이야기입니다. 이를 따라가다 보면 보신각 종소리 울림을 들으며 살아갔던 조선시대 한양 사람들의 일상을 살펴볼 수 있을 것입니다.

1

종루,
한양의 시간을 열다

The Bell Tower
Marks Time in Hanyang

시간은 본래 왕이 알려주는 것으로, 하늘을 살펴 백성들에게 정확한 시간을 알려주는 '관상수시觀象授時'는 국왕의 중요한 임무였다. 조선시대 한양은 수도로서 정치, 경제, 문화의 중심지였다. 그러므로 정확한 시각을 측정하고 알려야 할 필요가 있었다.
조선을 건국한 태조 이성계는 1395년(태조 4년) 종루鍾樓를 건설하고, 3년 후에 종을 걸어 일정한 시간에 종을 쳐 한양 내에 시간을 알렸다. 종을 보호하는 건물인 종루는 여러 차례 화재와 전란을 겪었다. 그럴 때마다 재건되면서 종루나 종각으로 불리었다. 종을 정확한 시간에 울리기 위해서는 시간을 정밀하게 측정할 수 있어야 하였다. 이 때문에 세종대에는 천문 기구의 제작이 국가적 사업으로 추진되었다.

Originally, it was the king who announced the time. Observing the sky and informing his subjects of the precise time was an important duty of the monarch. During the Joseon Dynasty, the capital city of Hanyang was the center of politics, economics, and culture, making accurate time measurement and announcement essential.
King Taejo (Yi Seong-gye), the founder of the Joseon Dynasty, commissioned the construction of a bell tower in 1395, the fourth year of his reign. Three years later, a bell was installed and regularly struck to notify the people of Hanyang of the time. As the guardian of the bell, the bell tower endured several fires and wars, and each time it was rebuilt, it bore the names Jongnu (bell tower) or Jonggak (bell pavilion). Ringing the bell at the correct time required accurate time measurement, prompting the development of astronomical instruments as a national project during the reign of King Sejong.

조선의 시간 체계

Time System in the Joseon Dynasty

조선시대의 시간 구분은 현재와는 차이가 있다. 현재 우리는 하루를 24시간으로 나누고 있다. 이러한 시간 구분은 낮과 밤 사이, 그리고 계절에 따라 해의 길이가 달라져도 동일하다. 조선시대에는 하루를 12시로 나누었다. 조선 전기에는 12시를 100각으로, 시헌력時憲曆을 적용하기 시작한 조선 후기에는 96각으로 나누었다. 낮과 밤에는 각각 다른 시간을 적용하였는데, 일반적으로 낮에는 계절의 변화와 상관없이 시간대가 동일한 12시를 적용하였다. 반면 밤에는 오경제五更制라는 부정시법不正時法을 사용하여, 해가 질 때부터 다시 뜰 때까지의 밤 시간을 5경 5점으로 나누었다. 따라서 밤의 길이는 계절에 따라 달라졌는데, 동지의 밤 1경이 하지의 밤 1경보다 길었다.

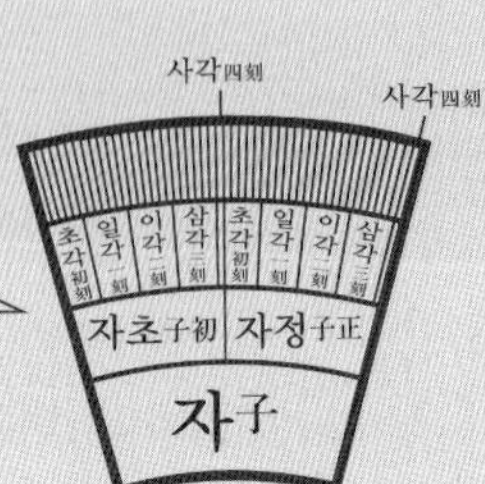

1시간의 구성

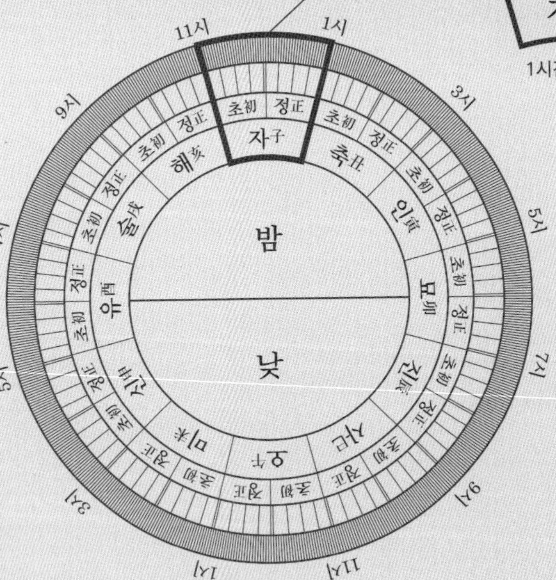

하루 시간(12시 100각)

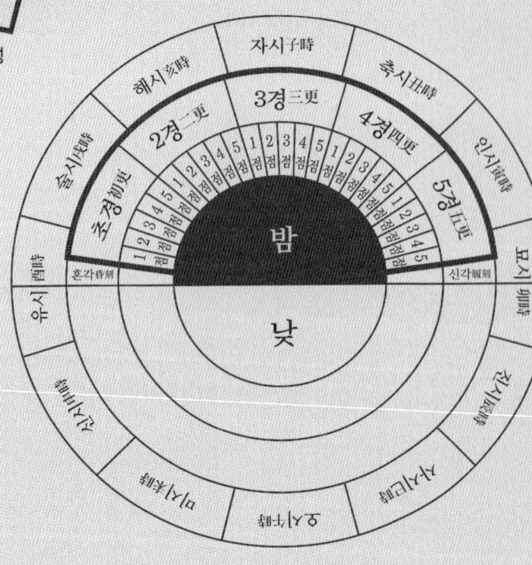

밤 시간(5경) (춘·추분 때)

해가 진 후인 혼각昏刻, 해가 뜨기 전인 신각晨刻을 제외한 나머지 밤 시간을 1경更부터 5경까지 다섯으로 나누고, 매 경은 다섯 개의 점點으로 나누었음.

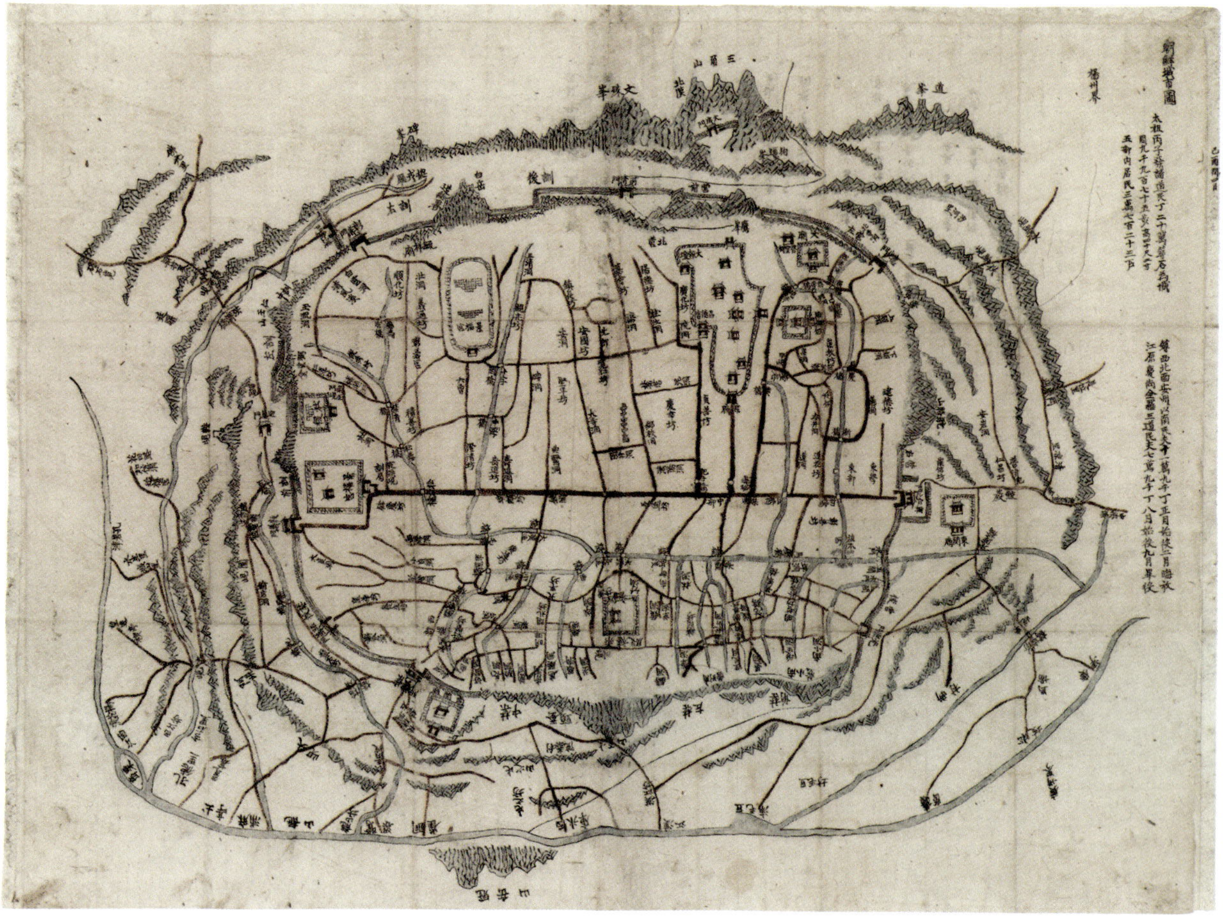

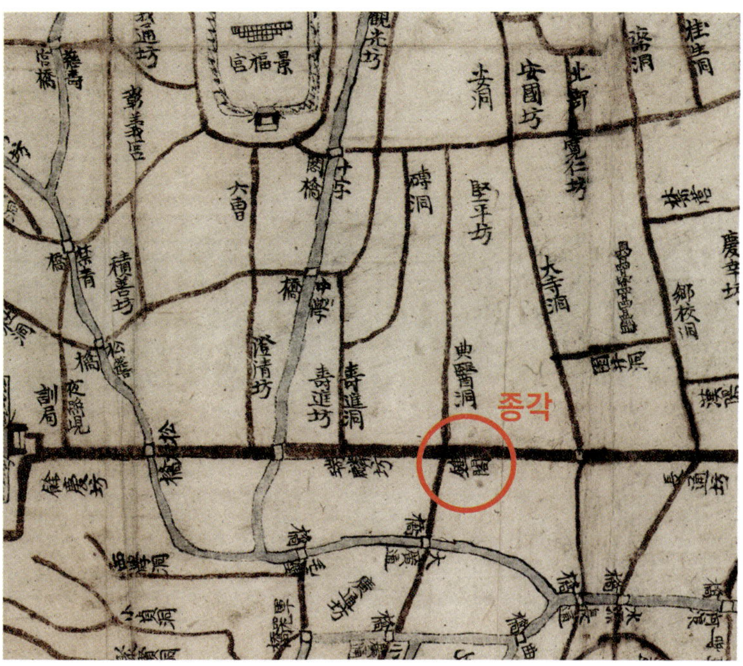

001

조선성시도 朝鮮城市圖

Joseon seongsido (Map of Seoul)

1849년 | 64.8 × 86.2 | 서13172

〈조선성시도朝鮮城市圖〉는 한양도성 안 모습과 함께 도성 밖으로 남쪽 한강까지를 포괄하여 그린 지도이다. 궁궐, 사직社稷, 문묘文廟 등 주요 건축물을 포함하여 경복궁 아래에 종각도 표시되어 있다.

002

준천계첩 濬川稧帖

Album of the Dredging Project

1760년경 | 24.0 × 35.5 | 서55223

영조대인 1760년에 실시한 청계천 준천濬川 사업을 기념하기 위해 제작하였다. 《준천계첩》에 포함된 4건의 그림 중 영조의 오간수문 공사 현장 시찰 장면을 묘사한 〈수문상친림관역도水門上親臨觀役圖〉에서 종루의 모습을 확인할 수 있다. 흥인문 계단 아래 목책으로 둘러싸인 건물이 바로 종루이다.

水門上
親臨觀役

003

종루 주춧돌 鍾樓礎石

Foundation Stones of Jongnu

조선 전기

임진왜란 때 소실된 종루의 주춧돌로, 1972년 지하철 1호선 공사 도중 발견되었다.
발견된 주춧돌의 구조와 크기를 통해 세종대에 2층 누각樓閣으로 지어졌다는 기록이 입증되었다.
현재는 서울역사박물관으로 옮겨져 야외전시 중이다.

보신각 현판

"조선이 천명을 받은 지 3년 만에 한강 북쪽에 도읍을 정하였다. 그 이듬해에 비로소 궁궐을 지었으며, 그해 여름에 담당 관사에 명하여 큰 종을 주조하게 하였다. 종이 완성된 뒤에 큰 시가에 종각을 세우고 종을 달았으니, 공업을 이루었음을 기록하고 큰 경사를 후세에 전하기 위해서였다. (중간 생략) 또 사통팔달의 큰 도읍 한가운데에 아침저녁으로 종을 쳐서 백성들의 일하고 쉬는 시한을 엄하게 하니, 종의 쓰임이 큰 것이다."

『동국여지지』 제1권 경도 한성부 궁실

004

보신각 普信閣

Bosingak Belfry

현재 서울특별시 종로구에 위치한 2층 누각樓閣 형태의 종루鐘樓이다. 조선시대에는 종루의 종을 쳐서 도성문을 여닫는 시간인 인정人定과 파루罷漏를 알렸다. 1395년에 지어진 이후로 소실과 중건重建을 반복하였으며, 1895년에 '보신각普信閣'이라는 편액을 달면서부터 보신각이라 불리게 되었다. 한국전쟁으로 소실된 뒤 1953년에 재건하였고, 1979년에 2층 누각으로 중건하여 지금의 모습에 이르렀다.

보신각 전경

유료주차
OneRoomtel
백세주마을
Coffee & Dessert

005

옛 보신각 동종 舊普信閣 銅鍾

Old Bronze Bell of Bosingak Belfry

1468년 | 높이 318, 입지름 228 | 국립중앙박물관

세조대인 1468년에 제작된 종으로 1985년까지 보신각에 걸려있었다. 본래 원각사圓覺寺의 종이었으나, 원각사 폐사廢寺 후 여러 곳을 전전하다가 1619년 종각으로 옮겨졌다. 종의 꼭대기는 쌍용雙龍으로 장식되었으며, 몸통 한가운데에는 3줄의 띠를 두르고 있다.

006

자격루 自擊漏

Jagyeongnu (Self-striking Water Clock)

복원품 | 국립고궁박물관

물시계인 자격루는 조선시대에 사용한 자동 시보장치이다. 1434년(세종 16) 왕명을 받아 장영실·이천·김조 등이 처음으로 만들었다. 1536년(중종 31)에 만든 파수호와 수수호가 현재 남아있으며, 덕수궁 뜰에 보관되어 있다.

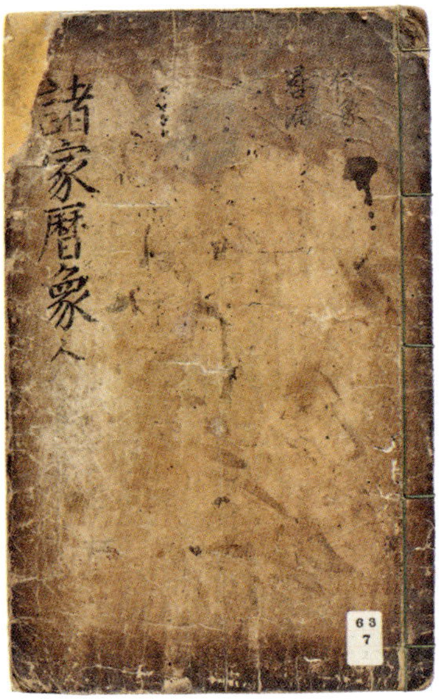

007
제가역상집 諸家曆象集
Jega yeoksangjip
(Collection of Calendrical and Astronomical Theories of Various Masters)

16세기 | 35.2 × 21.7 | 서40085

조선 전기 천문학자 이순지李純之(1406~1465)가 세종의 명을 받아 편찬한 천문서이다. 중국의 여러 문헌에서 천문天文과 역법曆法, 천문관측기구[儀象], 해시계 · 물시계[晷漏]에 관한 지식을 모아 이해하기 쉽도록 간단하게 정리하였다.

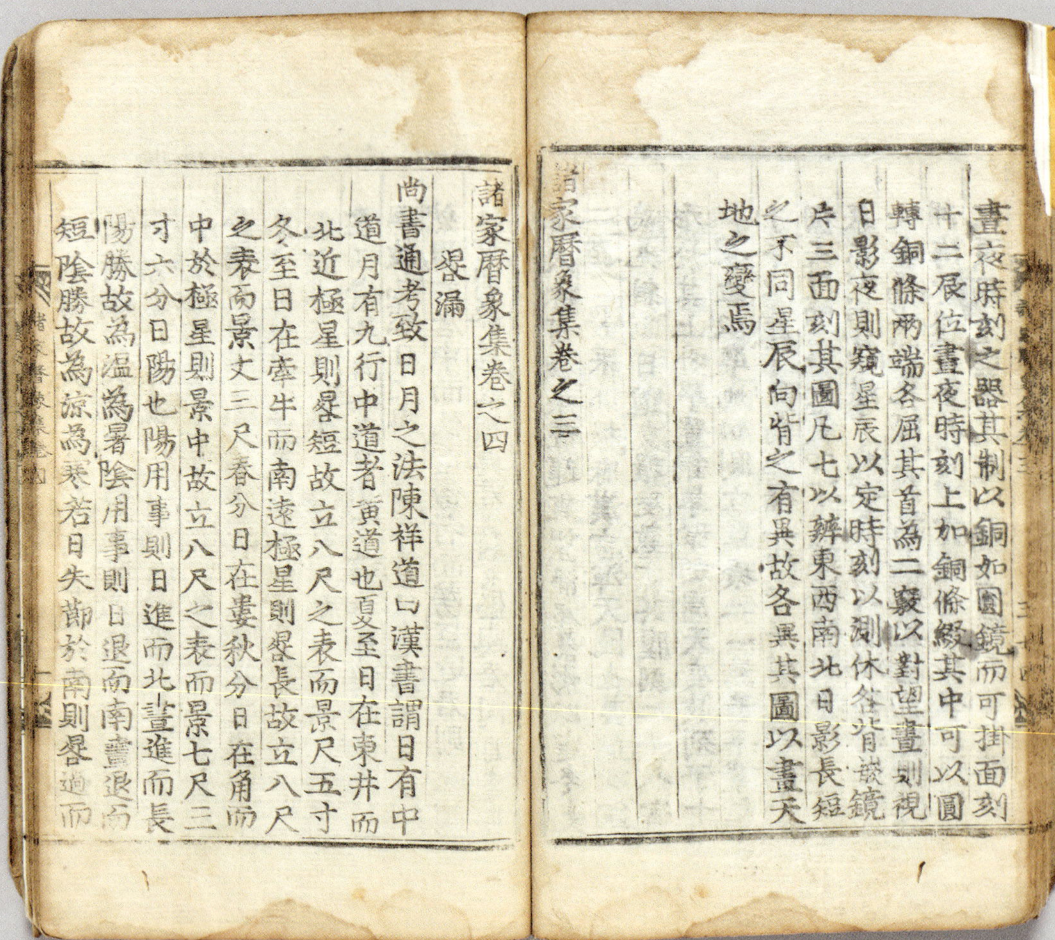

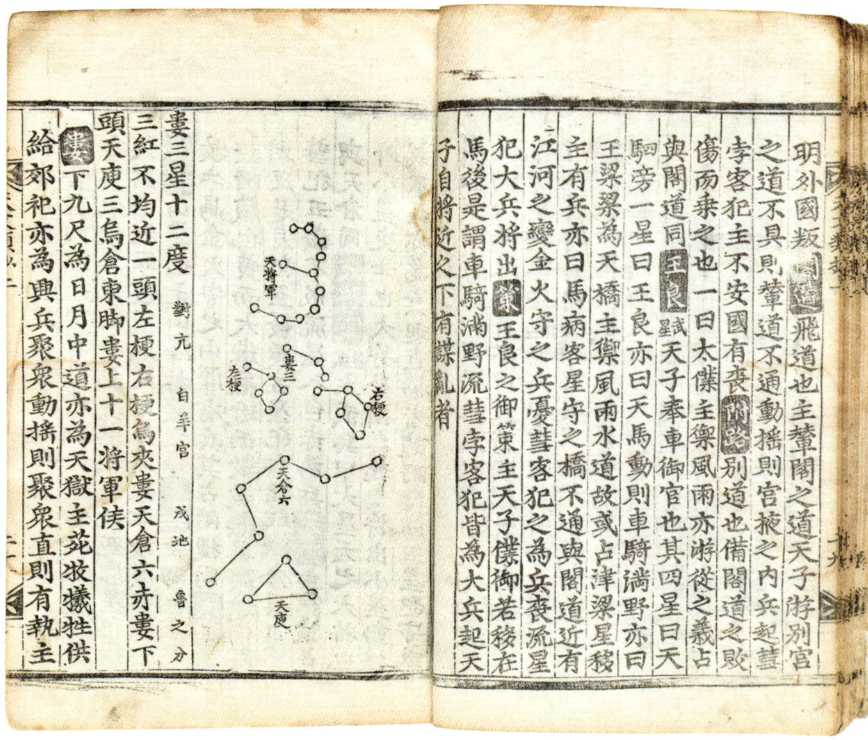

008

천문류초 天文類抄

Cheonmun ryucho (Shapes of the Sky Grouped and Abstracted)

조선 말기 | 32.0 × 21.0 | 서35220

조선 전기 천문학자 이순지가 편찬한 조선의 대표적인 천문서이다. 상권에서는 동양의 기본 별자리인 3원 28수三垣 二十八宿를 자세히 설명하며, 하권에서는 천지天地, 일월日月, 유성流星 등 여러 천문학 지식을 소개한다.

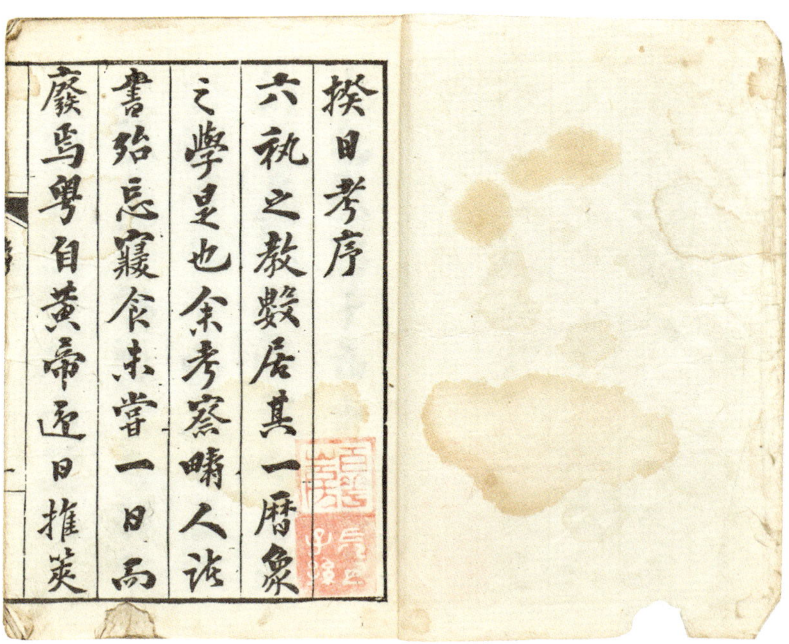

009

규일고 揆日考

Gyuilgo (Astronomical Book)

1850년 | 24.0 × 16.5 | 서35247

조선 후기 수학자이자 천문학자인 이상혁李尙爀(1810~?)이 저술한 천문서이다. 횡판橫板과 입판立板으로 된 해시계[兩景揆日儀]의 제작법, 천체현상 관측법 등을 정리하였다. 이때의 해시계는 이상혁이 북극 고도 및 황도黃道와 적도赤道의 거리를 새로 측정해 조선의 실정에 맞도록 고안해낸 것으로 우리나라의 절기節氣와 시각을 정확히 측정할 수 있었다.

조선의 시계

Clocks in the Joseon Dynasty

조선시대의 시간 측정 기술은 의표창제儀表創製 사업을 통해 획기적으로 발전하였다. 의표창제는 세종이 추진한 천문학 사업이다. 이 사업에서는 국가 주도로 천문관측과 시간 측정 기구를 만들었다. 자격루, 일성정시의, 옥루, 소간의 등 시계와 관련된 성과가 많았다.

의표창제 사업의 가장 큰 의의는 시간에 대한 정보를 백성과 공유한 것이다. 세종은 유동 인구가 많은 혜정교와 종묘 앞에 해시계를 설치하여 누구나 시간을 확인할 수 있게 하였다. 한편 해시계의 단점을 보완한 물시계, 자격루도 개발되었다. 자동시보장치인 자격루는 밤과 낮, 날씨에 구애받지 않고 시간을 측정할 수 있어 조선시대 국가 표준 시계가 되었다. 자격루가 측정한 시간은 보신각 종소리를 통해 한양 곳곳에 전해졌다.

010

담헌서 湛軒書

Damheonseo (Collective Works of Hong Dae-yong)

1939년 | 26.0 × 16.6 | 서49213

조선 후기 실학자 담헌湛軒 홍대용洪大容(1731~1783)의 시문집이다. 그중 내집內集 권4에 수록된 「의산문답毉山問答」은 가상의 인물인 허자虛子와 실옹實翁 간 문답 형식의 글로 지전설, 무한우주론 등 홍대용의 천문관과 사상이 드러나는 대표적인 저술이다.

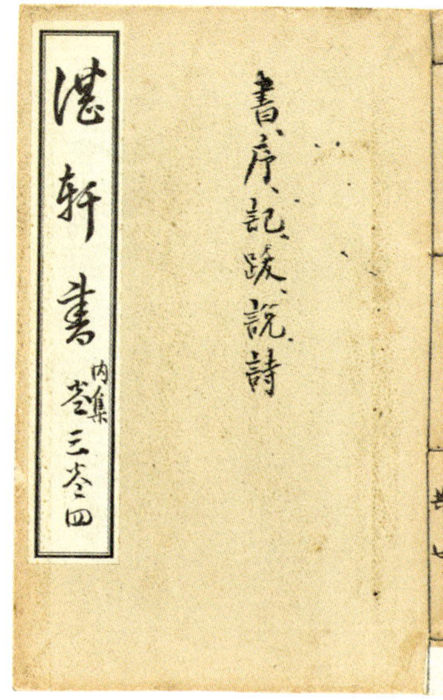

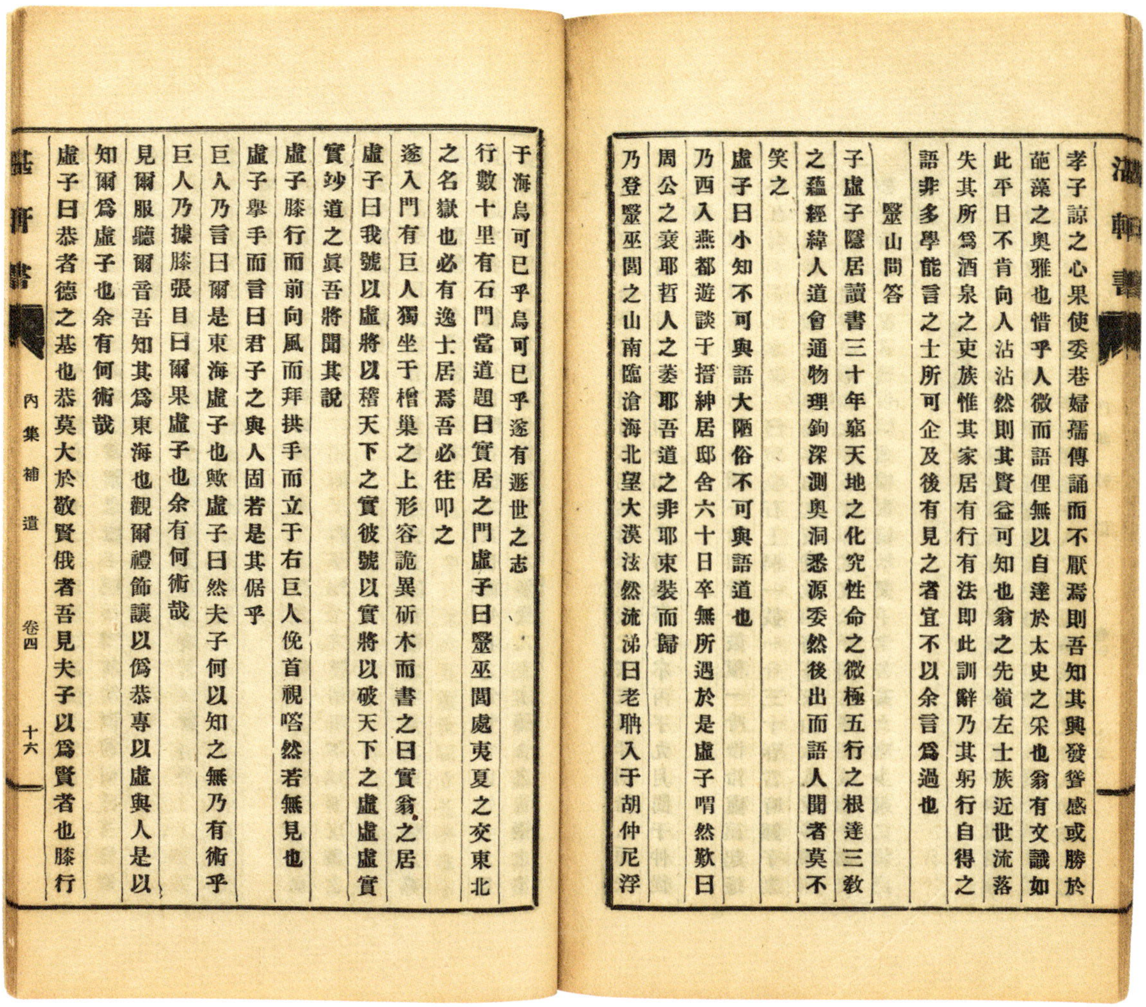

孝子諒之心果使委巷婦孺傳誦而不厭焉則吾知其興發警感或勝於葩藻之奥雅也惜乎人微而語俚無以自達於太史之采也翁有文識如此平日不肯向人沾沾然則其賢益可知也翁之先嶺左士族近世流落失其所爲酒泉之吏族惟其家居有行有法即此訓辭乃其躬行自得之語非多學能言之士所可企及後有見之者宜不以余言爲過也

毉山問答

子虛子隱居讀書三十年窮天地之化究性命之微極五行之根達三教之蘊經緯人道會通物理鉤深測奥洞悉源委然後出而語人聞者莫不笑之

虛子曰小知不可與語大陋俗不可與語道也

乃西入燕都遊談于搢紳居邸舍六十日卒無所遇於是虛子喟然歎曰周公之衰耶哲人之萎耶吾道之非耶束裝而歸

乃登毉巫閭之山南臨滄海北望大漠泫然流涕曰老聃入于胡仲尼浮于海烏可已乎烏可已乎遂有遯世之志

行數十里有石門當道題曰實居之門虛子曰毉巫閭處夷夏之交東北之名嶽也必有逸士居焉吾必往叩之

遂入門有巨人獨坐于橧巢之上形容詭異斫木而書之曰實翁之居

虛子曰我號以虛將以稽天下之實彼號以實將以破天下之虛虛虛實實妙道之眞吾將聞其說

虛子膝行而前向風而拜拱手而立于右巨人俛首視喀然若無見也

虛子擧手而言曰君子之與人固若是其倨乎

巨人乃言曰爾是東海虛子也歟虛子曰然夫子何以知之無乃有術乎

巨人乃據膝張目曰爾果虛子也余有何術哉見爾服聽爾音吾知其爲東海也觀爾禮飾讓以僞恭專以虛與人是以知爾爲虛子也余有何術哉

虛子曰恭者德之基也恭莫大於敬賢俄者吾見夫子以爲賢者也膝行

湛軒書 內集補遺 卷四 十六

011
홍대용 혼천시계 洪大容 渾天時計
Armillary Clock by Hong Dae-yong (Restored)

복원품 | 전체 높이 95.7 | 국립중앙과학관

홍대용의 혼천시계는 혼천의渾天儀에 자명종을 연결한 것으로 자명종의 추의 힘을 동력으로 사용한다. 자명종 내에 있는 톱니바퀴가 돌아가면서 혼천의의 태양 모형과 달 모형을 천체운동에 맞게 자동 운행시켜 날짜와 시간 등을 알 수 있다. 국립중앙과학관에서 2021년 복원하였다.

012

원구일영 圓球日影

Spherical Sundial (Restored)

복원품 | 높이 22.8 | 국립중앙과학관

상직현尙稷鉉(?~?)이 1890년에 제작한 원구 형태의 휴대용 해시계를 복원한 것이다. 기존 해시계와 달리 각종 장치를 조정하면 어느 지역에서나 시간을 측정할 수 있도록 제작되었다. 국립중앙과학관에서 2023년 복원하였다.

己巳仲夏上澣 姜漣手製

기사년(1869) 중하(음력 5월) 상순에 강건이 만들었다.

013
해시계 仰釜日晷
Sundial
1869년 | 5.8 × 4.1 × 0.9 | 서2562

조선 후기 저명한 해시계 제작자인 강건姜漣
(1843~1909)이 1869년에 제작한 휴대용 평면해시계이다.
상아로 만든 판에 나침반과 시반時盤을 위아래로 새겼다.
나침반의 지남침과 해시계의 삼각형 시표時表는 유실되었다.

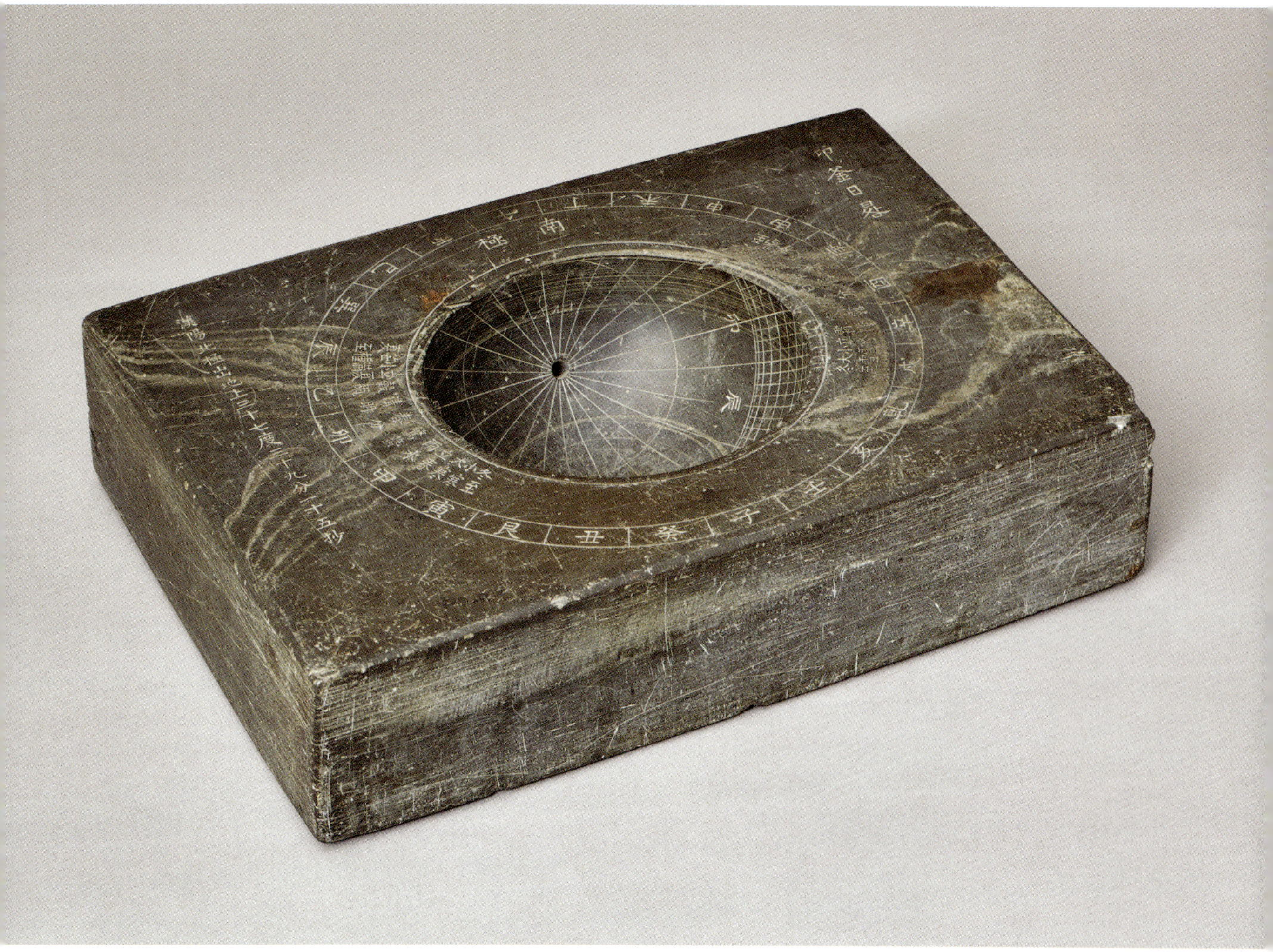

漢陽北極出地上三十七度三十九分一十五抄

한양 북극출지(위도)상 37도 39분 15초

014

해시계 仰釜日晷

Sundial

조선 후기 | 23.2 × 31.2 × 7.3 | 서11751

대형 석제 해시계로, 바닥 중심에 빗물을 배출하는 구멍이 있어 야외에 설치되었던 것으로 보인다. 시반時盤에는 절기선節氣線과 시각선時刻線이 정교하게 새겨져 있다. 관청이나 고위 관료의 사저에서 사용했던 것으로 추정된다.

015
해시계 仰釜日晷
Sundial
조선 후기 | 지름 11.5, 두께 1.6 | 서11768

편평한 형태의 석제 해시계로 시계 표면의 원둘레에 24방위를 새겨넣었다. 원과 선의 교차점은 각각 정북正北, 정동正東, 정남正南, 정서正西를 나타내며, 정북은 자子, 정동은 묘卯, 정남은 오午, 정서는 술戌이다. 포물선의 13개 가로선은 절기선, 12개 세로선은 시간선이다.

016
해시계 量天尺
Sundial
19세기 | 7.5 × 2.3 × 0.6 | 서22044

휴대용 해시계로, 정확한 명칭은 양천척量天尺이다. 절기節氣에 따라 영침影針의 길이와 설치 지점을 조절하여 시간을 측정한다. 영침을 꽂는 두 개의 구멍이 있으며, 앞면에는 시각이 새겨져 있다. 뒷면에는 24절기를 표시하고, 옆면에는 절기에 따른 영침의 길이를 표시하였다.

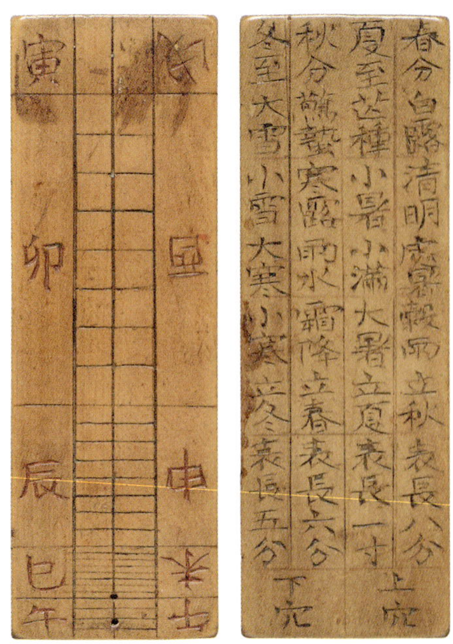

앞면 뒷면

017
선추 扇錘
Seonchu (Folding Fan Ornament)

19세기 | 전체길이 11.5 | 서9419

부채 끝에 매다는 장식물로 벼슬아치들만 사용할 수 있었다. 정자와 대나무 등이 새겨진 주체主體의 아랫부분을 당기면 나침반이 나온다. 해시계로도 사용할 수 있게 나침반 아래에 금속을 박아넣었다.

018
선추 扇錘
Seonchu (Folding Fan Ornament)

19세기 | 3.0 × 2.9 × 1.4 | 서2586

부채 끝에 매다는 장식물이다. 학, 나무 등이 새겨진 주체主體의 아랫부분을 당기면 나침반이 나온다. 나침반 위의 바늘을 세우면 유사시에는 해시계로도 사용할 수 있다.

2

종소리에 열고 닫는 한양

Hanyang's Gates Open and Close to Sound of the Bell

조선의 수도 한양은 성곽을 쌓아 경계를 표시하였는데, 이를 한양도성이라고 한다. 이 성곽에는 사대문과 사소문을 두어 도성 안팎의 출입을 통제하였다. 한양도성의 문을 열고 닫는 출입 통제는 아침과 저녁에 울리는 보신각 종소리에 따라 이루어졌다.
하루가 시작되는 종소리에 도성문이 열리면, 보신각 주변은 드나드는 사람들로 북적이곤 하였다. 도성문이 닫히는 밤 시간에는 치안유지를 위해 야간통행금지 제도를 운영하였다. 국가는 야간통행을 강력하게 통제하고자 하였고, 이를 위해 순라군들이 구역을 나누어 순찰을 돌았다. 그러나 여러 가지 이유로 야간통행금지의 예외가 발생하였고, 금기를 어기는 자들로 인해 한양의 밤은 소란스러웠다.

During the Joseon Dynasty, the city walls known as Hanyangdoseong (Seoul City Wall) were erected to demarcate the boundaries of the capital city of Hanyang. The city walls featured four main gates and four small gates to control entry and exit from the capital. Those gates were opened and closed according to the ringing of the bell at Bosingak Belfry every morning and evening.
In the morning, the gates were opened to the sound of the bell, ushering in a bustling scene around Bosingak Belfry as people entered and exited the city. At night, when the gates were closed, a dusk-to-dawn curfew was enforced to maintain security. During the Joseon Dynasty, guards known as *sullagun* patrolled the city's districts in an effort to uphold this strict curfew. However, various exceptions to the curfew and some rule-breakers created rather lively and noisy nights in the city.

인정과 파루

Injeong and *Paru*

조선시대 한양에서 도성문을 열고 닫는 시간을 알리는 인정과 파루는 가장 중요한 시보였다. 밤의 시작을 알리는 인정은 종을 28번, 아침의 시작을 알리는 파루는 33번 쳤다. 계절에 따라 밤의 길이가 다르므로, 인정과 파루 시간도 달랐다. 밤낮의 길이가 같은 춘분春分과 추분秋分 때, 인정은 대략 오후 7시 반이고 파루는 새벽 4시경이었다.

이런 탄력적인 시보 체계는 한양 사람들의 일상생활에도 영향을 미쳤다. 예를 들면 관리들의 출퇴근 시간은 계절에 따라 달랐다. 해가 긴 여름에는 묘시(아침 5~7시)에 출근하여, 유시(오후 5~7시)에 퇴근하였으며, 겨울에는 진시(아침 7~9시)에 출근하여 신시(오후 3~5시)에 퇴근하였다.

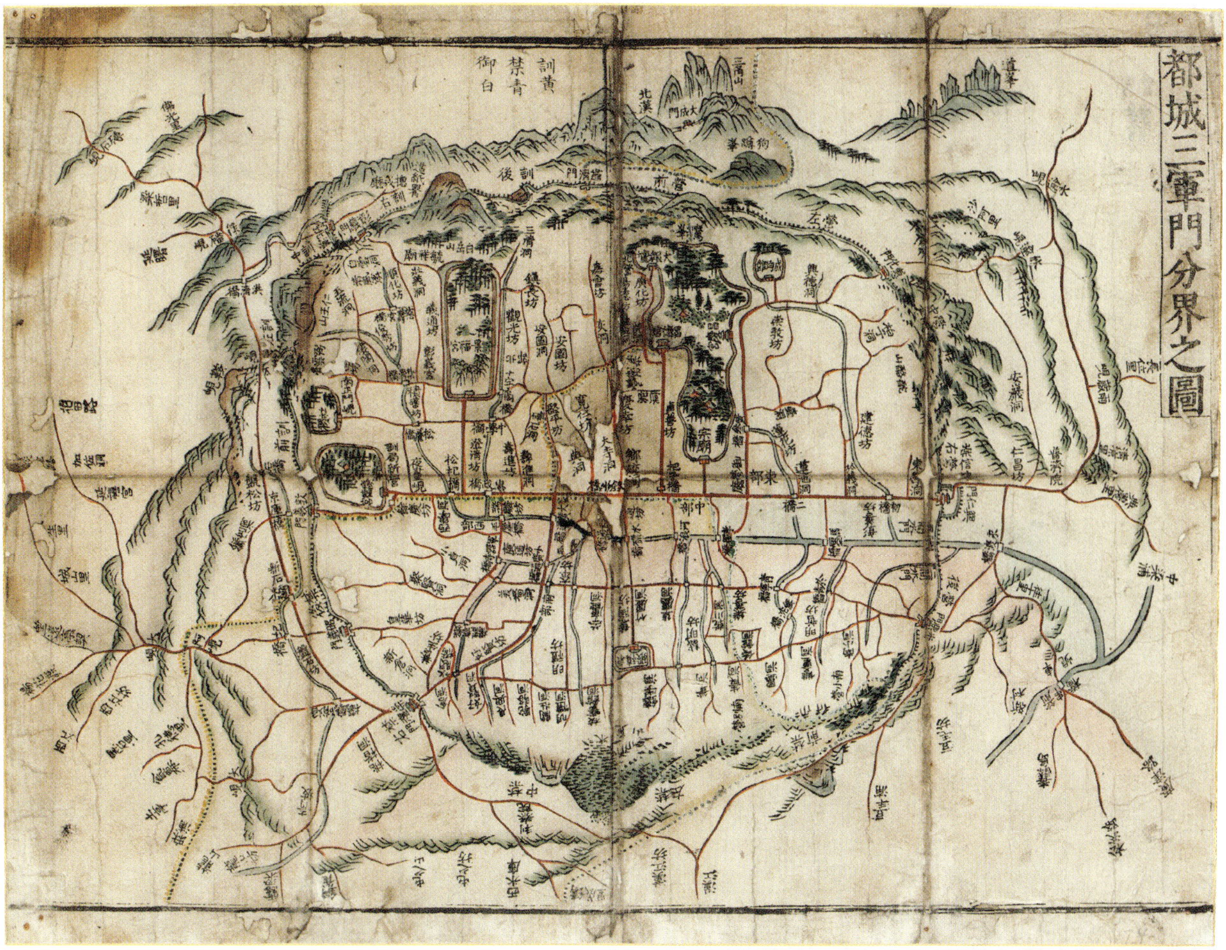

019

도성삼군문분계지도 都城三軍門分界之圖

Map of Three Military Garrisons

1751년 | 29.2×42.8 | 서울대학교 규장각한국학연구원

〈도성삼군문분계지도都城三軍門分界之圖〉는 1751년에 제작된 한성의 지도이다. 도성 내에 있는 삼군영三軍營, 즉 훈련도감訓鍊都監, 금위영禁衛營, 어영청御營廳의 방위 구역이 표시되어 있다.

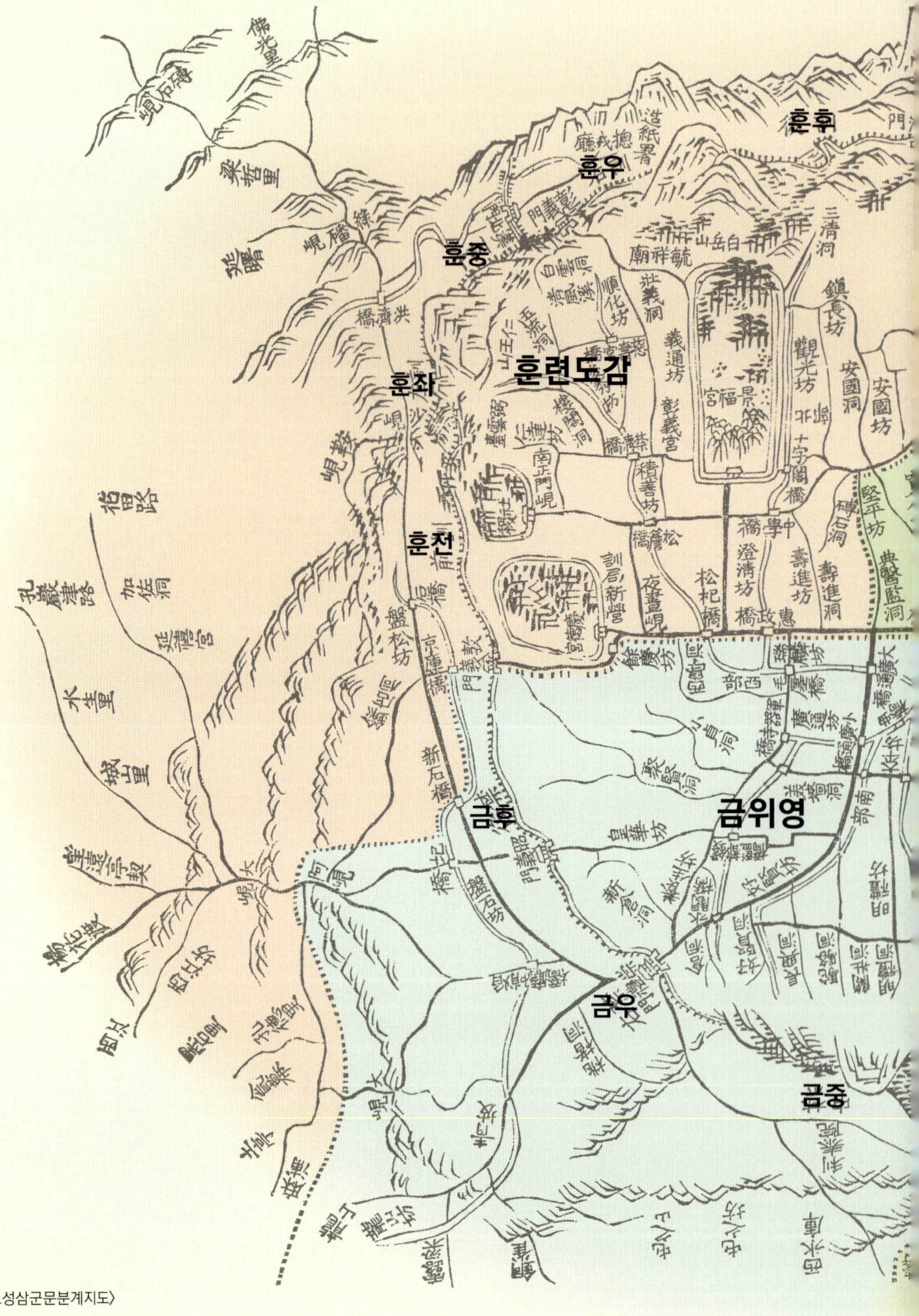

『어제수성윤음』 중 〈도성삼군문분계지도〉

영전
영좌
영중
어영청
영우
영후
금전
금좌
三角山
道峯
北漢
大成門
狗蹲峯
成均館
興德洞
崇敎坊
建德坊
蓮花坊
蓮池洞
於義洞
東學洞
崇信坊
仁昌坊
安巖洞
普濟院
東部
中部
宗廟
貞善坊
把子橋
二橋
中梁浦

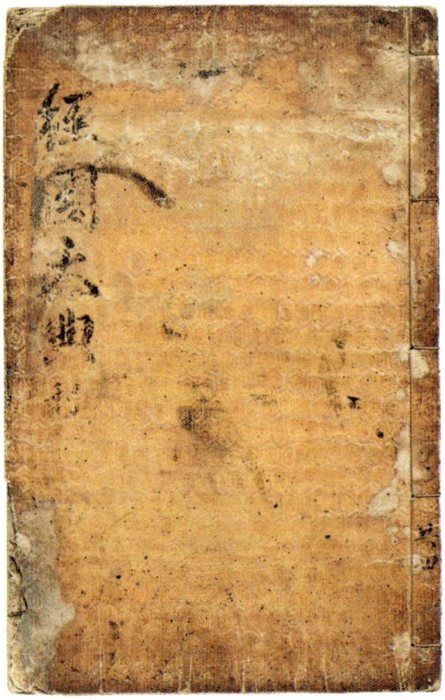

020

경국대전 經國大典

Gyeongguk daejeon (National Code)

1603년 | 37.2 × 21.0 | 서689

『경국대전經國大典』은 1455년에 편찬을 시작하여 1485년에 완성된 조선시대 법전이다. 이 목판본은 1603년 간행된 것으로 권5 「병전兵典」 문개폐門開閉에는 "궁성문宮城門은 초저녁에 닫고 해가 뜰 때 열며, 도성문都城門은 인정人定(밤 8시경)에 닫고 파루罷漏(새벽 4시경)에 문을 연다"는 내용이 확인된다.

궁성문은 초저녁에 닫고 해가 뜰 때 열며,
도성문은 인정에 닫고 파루에 연다.

『경국대전』 권5 「병전」 문개폐조

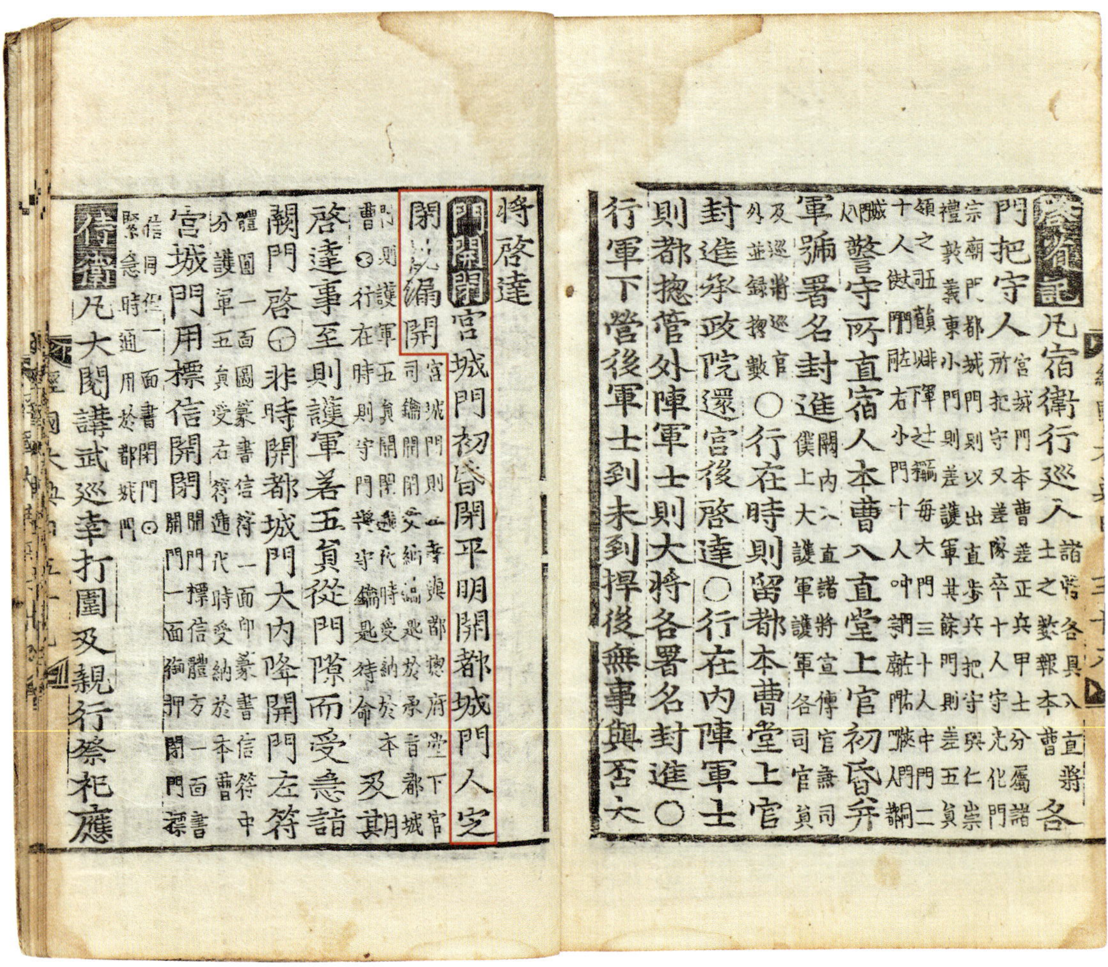

021

증보문헌비고 增補文獻備考

Jeungbo munheon bigo (Revised and Enlarged Edition of the Reference Compilation of Documents on Korea)

1908년 | 26.5 × 17.5 | 서1336

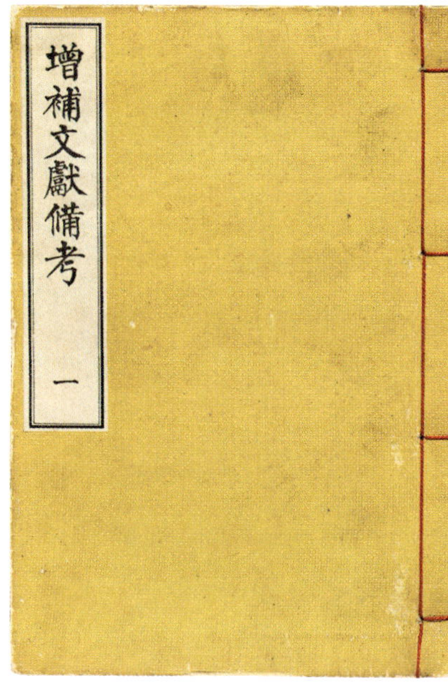

『증보문헌비고增補文獻備考』는 상고시대부터 조선시대까지의 문물과 제도를 분류하여 정리한 『동국문헌비고東國文獻備考』(1770)를 최종 증보한 것이다. 1908년에 완성한 백과사전으로, 권3 「상위고象緯考」에는 인정과 파루 사이 밤 시간에 북과 징을 이용해 시간을 알리는 방법이 수록되어 있다.

초경 3점에 북을 한 번 치고 징을 3번 치되 각기 5번을 되풀이하고,
다음에 4점으로 바뀌면 북을 한 번 치고 징을 4번 치되 각기 5번을 되풀이하고,
또 5점으로 바뀌면 북을 한 번 치고 징을 5번 치되 각기 5번을 친다.
이런 식으로 5경 3점에 이른다. 북수는 모두 295회이고, 징수는 303회이다.

『증보문헌비고』 권3 「상위고」 신혼대종

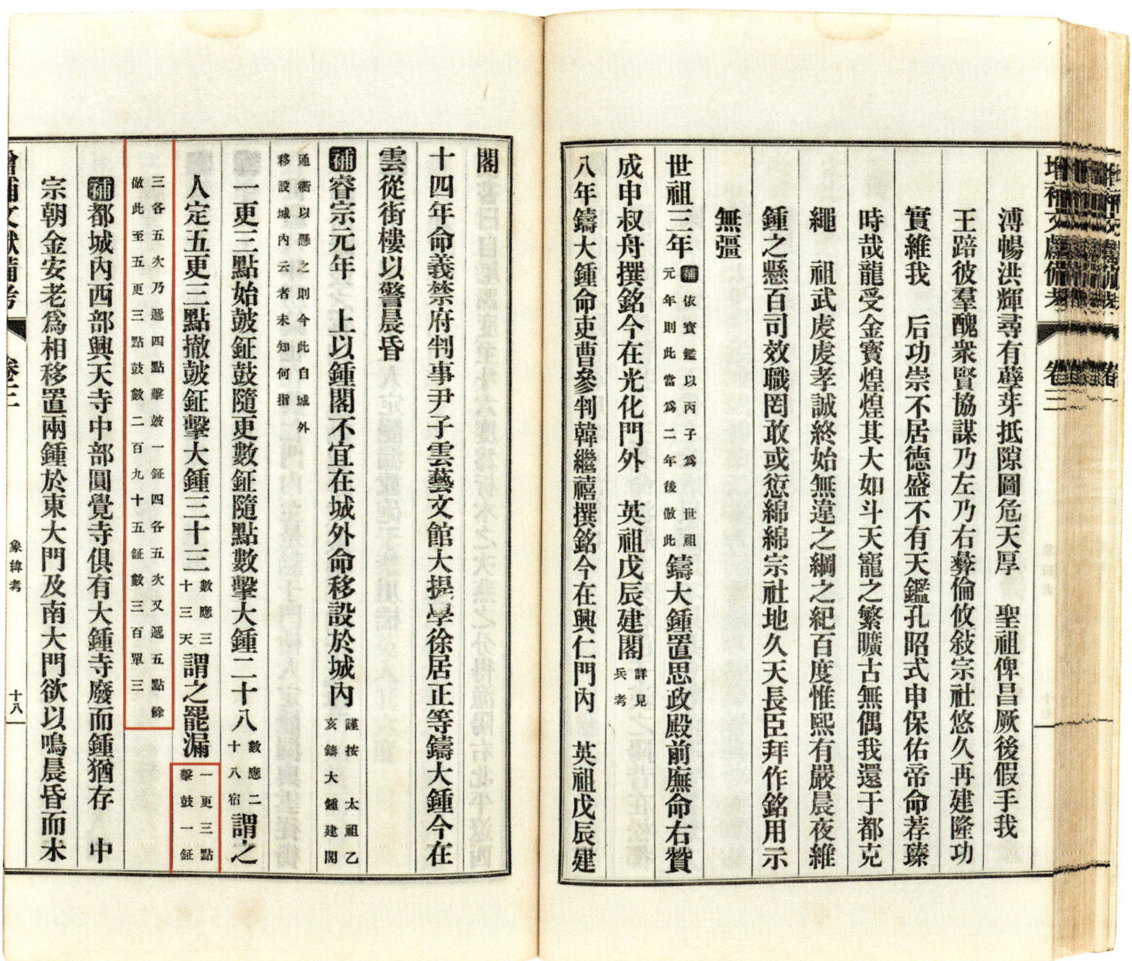

增補文獻備考 卷三

溥暢洪輝壽有孽芽抵隙圖危天厚　聖祖俾昌厥後假手我
王踣彼羣醜衆賢協謀乃左乃右彝倫攸敍宗社悠久再建隆功
實維我　后功崇不居德盛不有天鑑孔昭式申保佑帝命荐臻
時哉龍受金寶煌煌其大如斗天寵之繁曠古無偶我還于都克
繩　祖武虔虔孝誠終始無違之綱之紀百度惟熙有嚴晨夜維
鍾之懸百司效職罔敢或慾綿綿宗社地久天長臣拜作銘用示
無疆
世祖三年 補 依寶鑑以丙子爲世祖元年則此當爲二年後倣此 鑄大鍾置思政殿前廡命右贊
成申叔舟撰銘今在光化門外　英祖戊辰建閣 詳見兵考
八年鑄大鍾命吏曹參判韓繼禧撰銘今在興仁門內　英祖戊辰建
閣
十四年命義禁府判事尹子雲藝文館大提學徐居正等鑄大鍾今在
雲從街樓以警晨昏
補 睿宗元年　上以鍾閣不宜在城外命移設於城內 謹按太祖乙亥鑄大鍾建閣通衢以懸之則今此自城外移設城內云者未知何指
一更三點始皷鉦鼓隨更數鉦隨點數擊大鍾二十八 數應二十八宿 謂之
人定五更三點撤皷鉦擊大鍾三十三 數應三十三天 謂之罷漏 一更三點擊鼓一鉦三各五次乃遞四點擊鼓一鉦四各五次又遞五點餘倣此至五更三點鼓數二百九十五鉦數三百單三
補 都城內西部興天寺中部圓覺寺俱有大鍾寺廢而鍾猶存　中
宗朝金安老爲相移置兩鍾於東大門及南大門欲以鳴晨昏而未

增補文獻備考 卷三　象緯考　十八

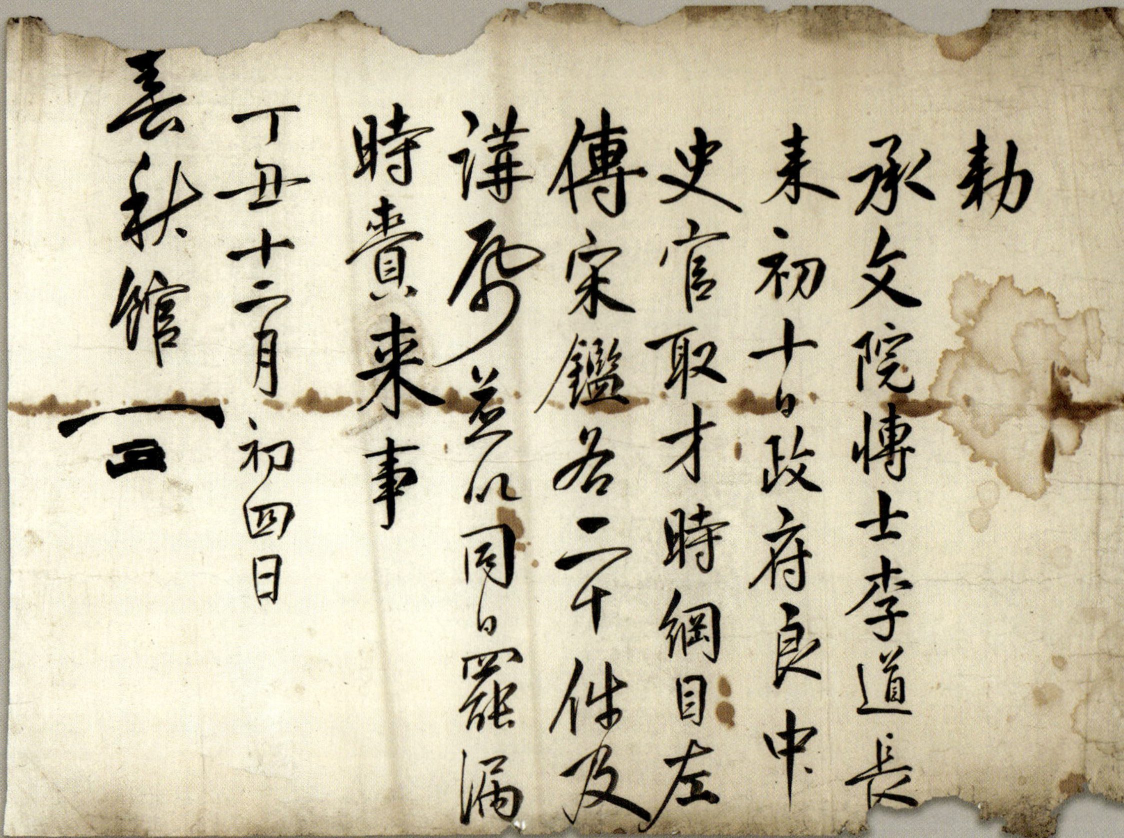
勅
承文院博士李道長
來初十日政府良中
史官取才時綱目左
傳宋鑑各二十件及
講紙並同日罷漏
時賫來事
丁丑十二月初四日
春秋館

022

춘추관 문서 春秋館 文書

Chunchugwan's Document to Yi Do-jang

1637년 | 54.3 × 73.0 | 서15141

승문원承文院 박사博士 이도장李道長(1603~1644)이 1637년 춘추관春秋館으로부터 받은 명령서이다. 명령서에는 사관을 뽑을 때 사용할 책과 강론할 때 쓸 종이를 통금이 해제되는 파루 때에 가져오라고 적혀 있다.

성안의 새벽 풍경

城中曉景 五首

歷歷鐘聲三十三	뎅뎅 울리는 서른세 번 파루 소리
城門初闢鬧行驂	성문 막 열리고 수레 소리 시끄럽네
邏卒伴歸相笑語	돌아가는 나졸들 웃고 떠드는 소리
今宵捕得幾獃男	오늘밤은 못된 녀석 몇이나 잡았나
犬吠雞鳴漸覺繁	개 짖고 닭 우는 소리 점점 많아지고
馬蹄人跡稍成喧	말발굽과 인적 소리 차차 북적거리네
料得城中多捷徑	생각건대 성안엔 지름길 많으니
幾人伺候傍朱門	몇이나 주문에 찾아가 인사 올리나
萬戶千門盡寂然	도성의 천만 가호가 모두 적막한데
時聞人語在深邊	이따금 저 멀리서 사람소리 들린다
燈光斜透厨扉隙	부엌문 틈으로 등불 빛 내비치니
酒肆新篘粥肆煎	주막엔 새 술 거르고 죽 집엔 죽이 끓네
大路如天卄四橋	대로는 중국의 이십사교처럼 드넓고
月斜風細柳微搖	새벽달 산들바람에 버들가지 하늘하늘
煌煌列炬仍呵道	찬란한 횃불 행렬 '물렀거라' 소리치니
知是承宣趁早朝	승선이 아침 조회에 나아가는 행차렸다
大星落落小雞鳴	별들 하나하나 스러지고 닭들이 울면
菜嫗醢翁競入城	채소 할멈 젓갈 영감 다투어 들어오네
待鐘薤唱知應遠	파루를 기다리던 만가소리 멀어지고
更有樵羣相和聲	뒤이어 들려오는 나무꾼들 노랫소리

윤기尹愭(1741~1826), 『무명자집無名子集』 「시고詩稿」 제3책

야간통행금지

Curfew

조선은 도성문이 닫히는 밤에 치안유지를 위해 야간통행금지제도를 운영하였다. 야간통행금지는『경국대전』에 규정되었으며 통금시간은 2경 직후부터 5경 이전까지로 하였다. 이 시간에는 모든 사람의 통행이 금지되었고 단속을 위해 순라군들이 구역을 나누어 순찰을 하였다. 단, 공무수행을 위해 야간통행증을 발급받은 사람은 단속대상에서 제외되었다. 출산이나 환자 발생 등 긴급한 상황에는 순라군이 밤에 거처하는 경수소에 알려야 통행이 가능하였다. 이러한 야간통행금지는 조선시대만의 산물이 아니었다. 1895년 폐지되었던 야간통행금지는 광복 직후 미군정에 의해 부활하였다. 이후 한국전쟁과 남북분단을 거치면서 굳어졌으며 1982년이 되어서야 폐지되었다.

023
목제 부험 木製符驗
Wooden Night Pass

조선 | 18.8 × 7.3 | 국립고궁박물관

부험은 성문의 개폐開閉나 보류保留 시에 사용하던 부신符信이다. 주로 왕의 호위병들이 밤에 도성 정문을 통과할 때 사용하던 출입 허가 증표로 사용되었다. 부험을 둘로 갈라 한 개는 각 문의 수직소守直所(숙직 장소)에, 다른 한 개는 숙직 호위병에게 주었다. 각 부험에는 해당 성문과 시간대가 적혀 있다.

024
야간순찰패 巡將牌
Tags of Night Patrol Officers

조선 | 지름 10.5 | 국립고궁박물관

도성 안에서 순찰을 도는 순장巡將이 통행 신분증으로 지니고 다니던 패牌이다. 원형으로 한쪽 면에는 신信이, 다른 면에는 순패巡牌가 양각으로 주조되어 있다.

025

조족등 照足燈

Patrol Lantern

조선 후기 | 높이 35.0, 최대지름 22.0 | 서3773

조족등은 '발 앞을 비추는 등'이라는 의미로 밤길에 들고 다니며 사용할 수 있는 휴대용 조명 기구이다. 주로 궁중의 빈전殯殿이나 순라군이 야간 경비를 돌 때 사용했다. 조족등 안에는 촛대가 있어 초를 꽂아 사용하였다.

026

포목희도 包目戲賭

Painting of Children Playing Tag,
Album of Genre Paintings by Kim Jun-geun

김준근 | 20세기 초 | 19.4×26.9 | 서21945

기산箕山 김준근金俊根(?~?)이 조선말기의 풍속을 묘사한 《기산풍속도첩》에 수록된 그림이다. 눈을 가린 아이가 다른 아이들을 잡으려는 술래잡기 놀이의 모습이 묘사되어 있다. 술래잡기의 어원이 되는 '순라잡기'는 1925년 출판된 최영년崔永年(1856~1935)의 『해동죽지海東竹枝』 시집에서 확인된다.

027

야금모행 夜禁冒行

Venturing Out after Curfew,
Album of Genre Paintings by Sin Yun-bok

신윤복 | 조선 후기 | 28.2 × 35.6 | 간송미술문화재단

〈야금모행〉은 통행금지 시간에 몰래 다니는 인물들을 묘사한 것이다. 붉은 단령團領을 입고 노란 초립草笠을 쓴 인물은 무예청武藝廳 별감別監 순라군巡邏軍이다. 혜원蕙園 신윤복申潤福(1758~?)이 조선 후기 풍속을 묘사한 《혜원전신첩》에 수록된 그림이다.

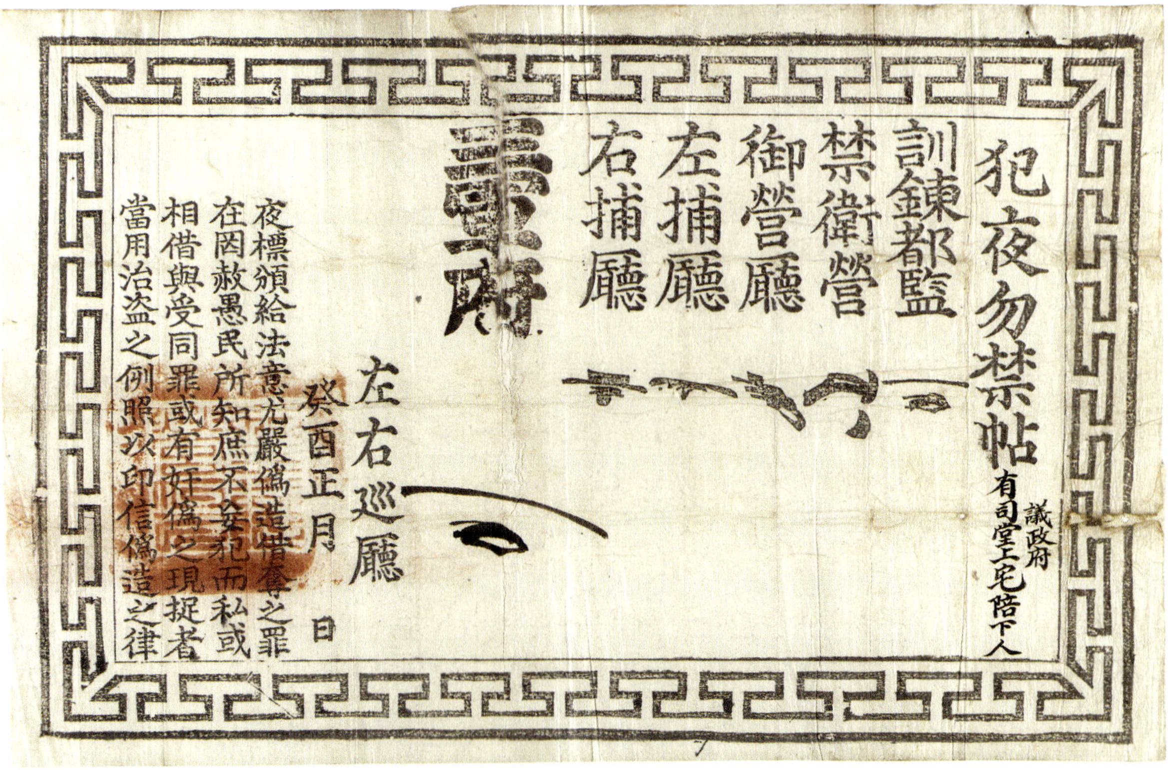

028

범야물금첩 犯夜勿禁帖

Night Pass

1873년 | 29.0×43.0 | 서울대학교 규장각한국학연구원

이 〈범야물금첩〉은 1873년에 발급된 야간 통행증이다. 관사의 잡무를 수행하는 시종이 공무로 야간에 통행해야 할 때는 이러한 통행증을 발급받아 순라군에게 보여주어야 했다. 이 통행증은 삼군영三軍營과 포도청捕盜廳에서 수결手決과 관인官印을 찍은 뒤, 비변사備邊司에서 나누어준 것이다.

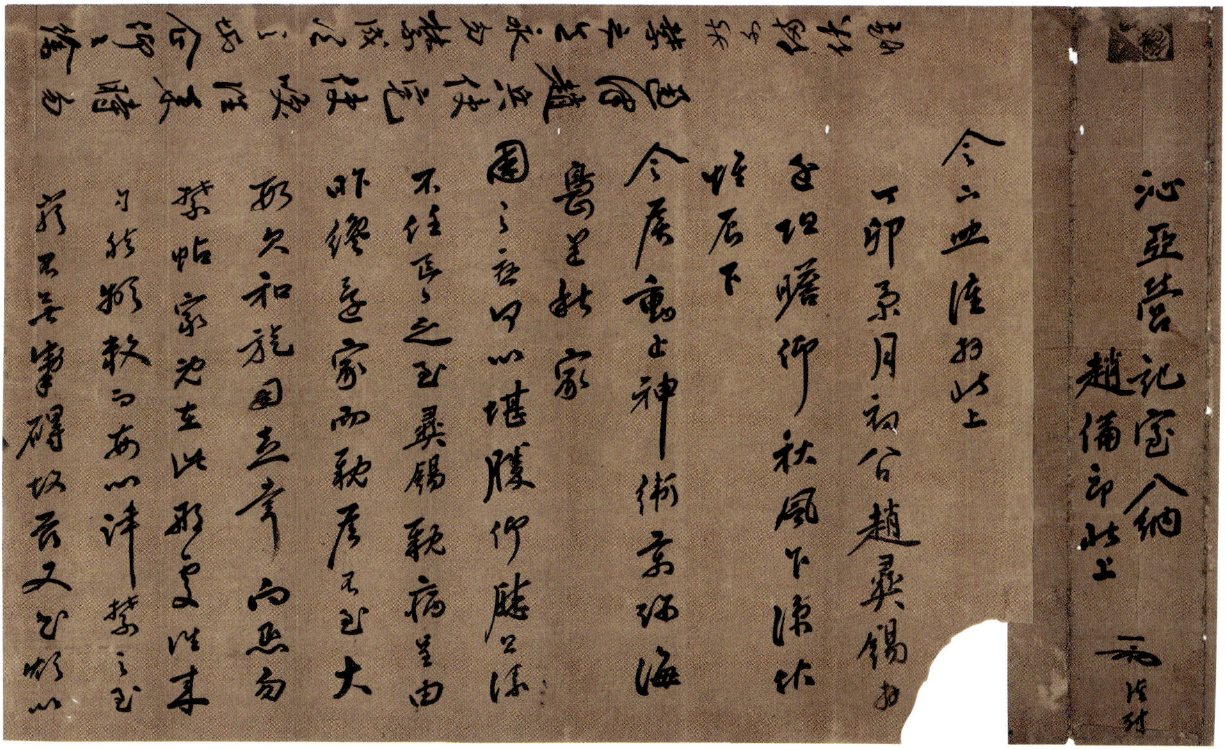

029

조이석 간찰 趙彛錫 簡札

Letter by Jo I-seok

1807년 | 37.4×60.9 | 정해동7665 | 정해동 기증

1807년 9월 조이석趙彛錫(1779~?)이 심도沁都 아영亞營의 지인에게 물금첩勿禁帖 발급을 부탁하기 위하여 쓴 편지이다. 편지의 내용은 통진通津(현재 김포)의 조병사댁趙兵使宅 사환使喚(심부름꾼)이 자유롭게 왕래할 수 있도록 물금첩을 작성해 보내주기를 바란다는 것이다.

근래 소식이 막혀 우러러 그리워하였습니다, 가을바람이 자못 서늘한데, 요사이 영공의 안부는 신의 가호로 만강하신지요. 바다 섬(강화)에서 가을을 맞으시니, 나라의 근심을 어찌 감당하십니까? 우러러 위로하며 그리워하니, 구구한 마음을 이기지 못하겠습니다. 이석은(저는) 부모님 병환으로 휴가를 받아 어제 겨우 집에 돌아왔는데, 환후가 크게 나빠지지 않으셨으니 우선 다행입니다. 지난번 간청하였던 물금첩은 집에 이미 두고서 어느 곳을 왕래할 때나 자연히 자주 효용이 있었으나 매번 나루에서 금단하는 것이 지엄하여 제지받는 것이 없지 않았습니다. 이에 다시 글을 올려 번거롭게 하니, 통진 조병사댁(조이석의 본가) 사환이 왕래할 적에, 물금한다는 뜻으로 영영히 물금첩을 발급해 보내주시기를 바랍니다.

이만 예를 갖추지 못하니, 살펴주시기를 바랍니다.

삼가 절하여 글을 올립니다.

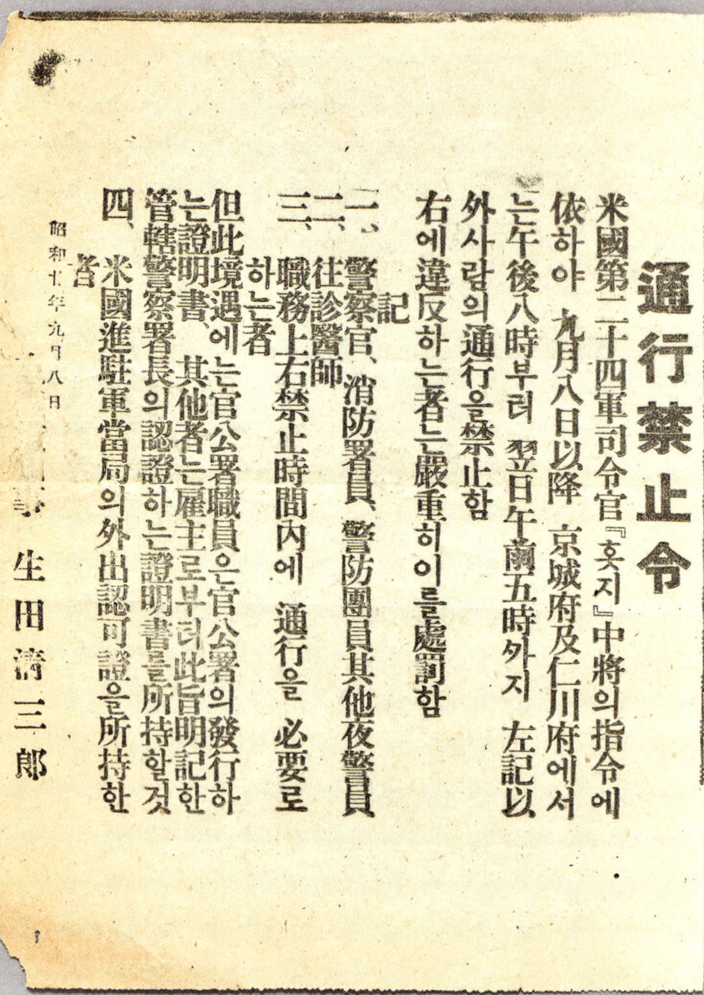

通行禁止令

米國第二十四軍司令官『호지』中將의指令에依하야 九月八日以降 京城府及仁川府에서는午後八時부터 翌日午前五時까지 左記以外사람의通行을禁止함

右에違反하는者는嚴重히이를處罰함

記

一、警察官、消防署員、警防團員其他夜警員

二、往診醫師

三、職務上右禁止時間內에 通行을 必要로하는者

但此境遇에는官公署職員은官公署의發行하는證明書、其他者는雇主로부터此旨明記한證明書를所持할것

四、米國進駐軍當局의外出認可證을所持한者

昭和廿年九月八日

生田淸三郎

030

통행금지 전단 通行禁止令

Curfew Notice

1945년 | 25.5 × 19.0 | 서49757

해방 이후인 1945년 9월 8일에 발행된 통행금지령 전단이다.
미군 사령관의 명령으로 경성京城과 인천仁川에서 9월 8일 이후
오후 8시부터 다음 날 오전 5시까지 경찰관, 소방관, 야간 경비원,
왕진 의사, 통행 증명서를 발급받은 자, 외출 인가증을 소지한
미군 등을 제외한 사람들의 통행을 금한다는 내용이다.

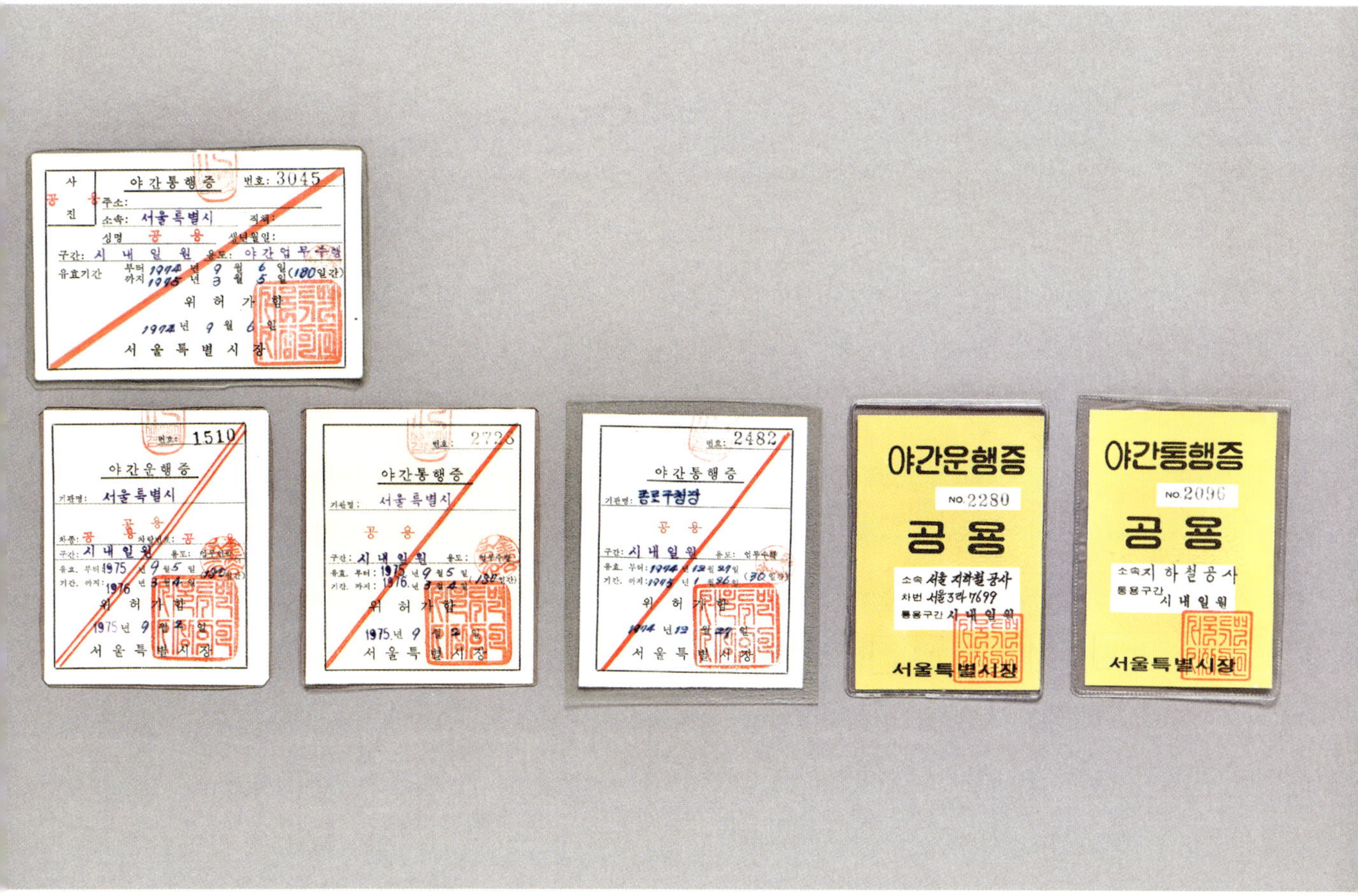

031

야간통행증 夜間通行證明

Night Passes

1972년~1982년 | 10.4 × 6.9 외 | 서기15485

서울특별시에서 발급한 1970년대~1980년대 야간운행증과 야간통행증이다.

소란스러운 한양의 낮과 밤

The Bustling Days and Nights of Hanyang

보신각이 있는 종로 일대는 시전市廛이 있던 곳으로 조선시대 한양의 대표적인 상업 중심지였다. 많은 사람이 모이는 만큼 각종 사건과 사고가 끊이지 않는 곳이었고, 나라에서는 사람이 많이 모이는 이곳에서 죄인에 대한 형벌을 시행하기도 하였다.

한양의 밤도 고요하지만은 않았다. 야간통행금지를 어겨 잡힌 사람들은 관청의 하인, 유생, 내관 등 다양했다. 이들은 대부분 음주로 규정을 어겼으며, 이는 조선 후기에 발달한 유흥문화와 밀접한 관련이 있었다. 때문에 야간통행금지를 어기는 자들로 한양의 밤거리는 떠들썩하였다. 한편 밤의 시작을 알리는 인정 소리가 울리면 남성들은 귀가해야 했으나, 여성들은 비로소 거리로 나왔다. 이러한 밤 풍경은 구한말 한양을 방문한 외국인들에게는 색다른 모습이었다.

032

수교집록 受敎輯錄

Sugyo jimnok (Collections of Royal Decrees)

1698년 | 31.5×21.0 | 서31674

1698년 이익李翊(1629~1690), 윤지완尹趾完(1635~1718), 최석정崔錫鼎(1646~1715) 등이 왕명을 받아 각도 및 관청에 내려진 왕의 명령 등을 모아 편찬한 법전이다. 권5 「형전刑典」 살옥殺獄에는 “투기로 인해 계집종을 죽인 아녀자는 종루에서 장을 치고 정배한다[因妬殺婢婦女鍾樓決杖定配]”는 내용이 기록되어 있다.

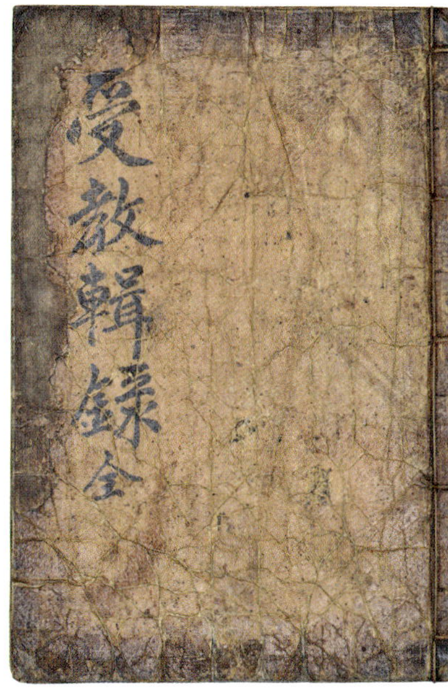

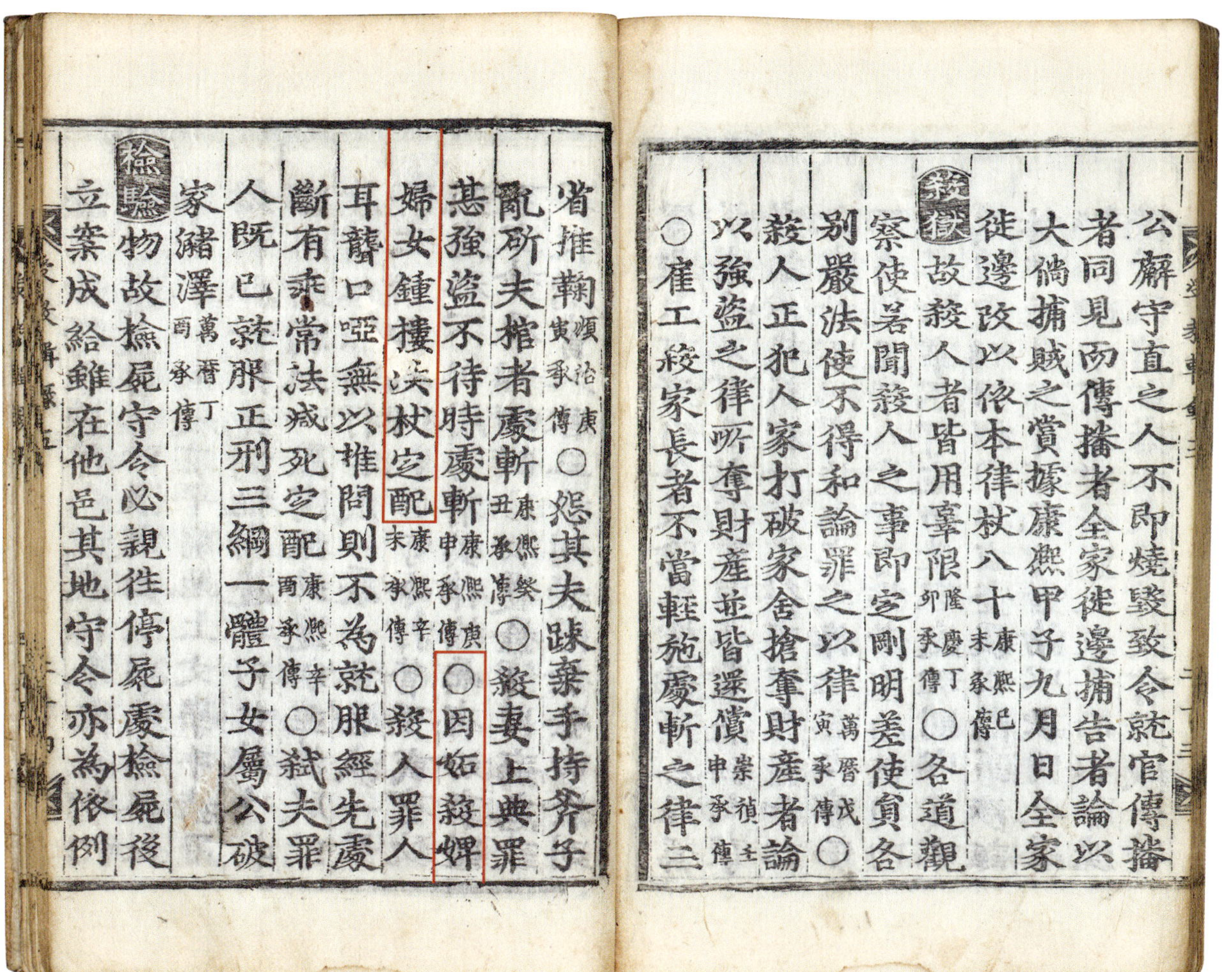

033

형정도: 종로치죄 刑政圖: 鍾路治罪

Painting of Punishment in Jongno

1945년 이후 | 69.0×88.0 | 국립민속박물관

조선시대 형정刑政의 실상을 그린 풍속화로, 종로에서 흉악범의 죄를 다스리는 모습이 표현되어 있다.

034

수표교에서 水標橋: 踏橋

Painting of Dapgyo (Bridge Treading) on Supyogyo Bridge

이억영 | 1986년 | 68.0 × 69.0 | 서36365

창석蒼石 이억영李億榮(1923~2009)의 수묵담채화로 늦은 밤 수표교水標橋에서 다리밟기를 하는 사람들과 농악대의 모습이 묘사되어 있다. 야간통행금지는 섣달그믐날과 설날, 정월 보름을 전후하여 각각 하루씩 3일간 해제되었다. 한양에서는 정월 보름날 밤 도성 안에 있는 12개의 다리를 밟으면 일 년 내내 재앙이 없다는 믿음 하에 다리밟기가 성행했다.

035

릴뤼스트라시옹 제2688호

L'Illustration, No. 2688

1894년 | 41.0×29.5 | 서47718

프랑스 주간지 『릴뤼스트라시옹L'ILLUSTRATION』 제2688호에는 한국 관련 삽화가 게재되어 있다. 보신각의 모습뿐만 아니라 경복궁景福宮, 서울 시내 전경, 구식 군인의 모습, 왕의 행차, 목포항, 부산항, 옥천암玉泉庵 마애불磨崖佛 등의 삽화가 기사와 함께 실려 있다.

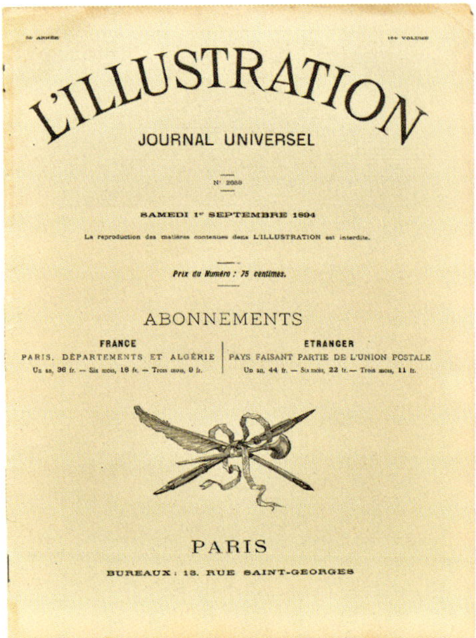
L'ILLUSTRATION

JOURNAL UNIVERSEL

N° 2688

SAMEDI 1er SEPTEMBRE 1894

La reproduction des matières contenues dans L'ILLUSTRATION est interdite.

Prix du Numéro : 75 centimes.

ABONNEMENTS

FRANCE	ETRANGER
PARIS, DÉPARTEMENTS ET ALGÉRIE	PAYS FAISANT PARTIE DE L'UNION POSTALE
Un an, 36 fr. — Six mois, 18 fr. — Trois mois, 9 fr.	Un an, 44 fr. — Six mois, 22 fr. — Trois mois, 11 fr.

PARIS

BUREAUX : 13, RUE SAINT-GEORGES

036

한국과 그 이웃나라들

Korea and Her Neighbors: A Narrative of Travel, with an Account of the Recent Vicissitudes and Present Position of the Country

Isabella Bird Bishop | 1898년 | 21.0 × 14.0 | 서13664

1894년부터 1897년 사이 네 차례나 조선을 방문한 영국 출신 이사벨라 버드 비숍Isabella Bird Bishop(1831~1904)이 쓴 조선 방문기이다. 이 여행기에는 통금 시간에 남성들은 귀가하지만, 여성들은 거리로 나온다는 이야기가 기록되어 있다. 그녀는 여성들 이외에도 장님과 관리, 외국인의 심부름꾼, 약을 지으러 가는 사람들은 통행금지에서 제외되었다고 기록하고 있다.

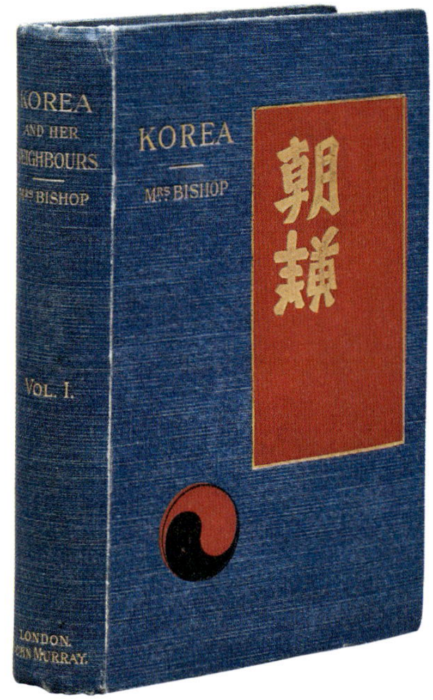

저녁 8시경이 되면 큰 종이 울리는데 이것은 남자들에겐 귀가할 시간이라는 것을 알려주는 신호이며, 여자들에겐 외출해 산책을 즐기며 친지들을 방문할 수 있는 시간임을 알려주는 것이다. (중간생략) 그 밖에는 장님과 관리, 외국인의 심부름꾼, 그리고 약을 지으러 가는 사람들이 통행금지에서 제외되었다.

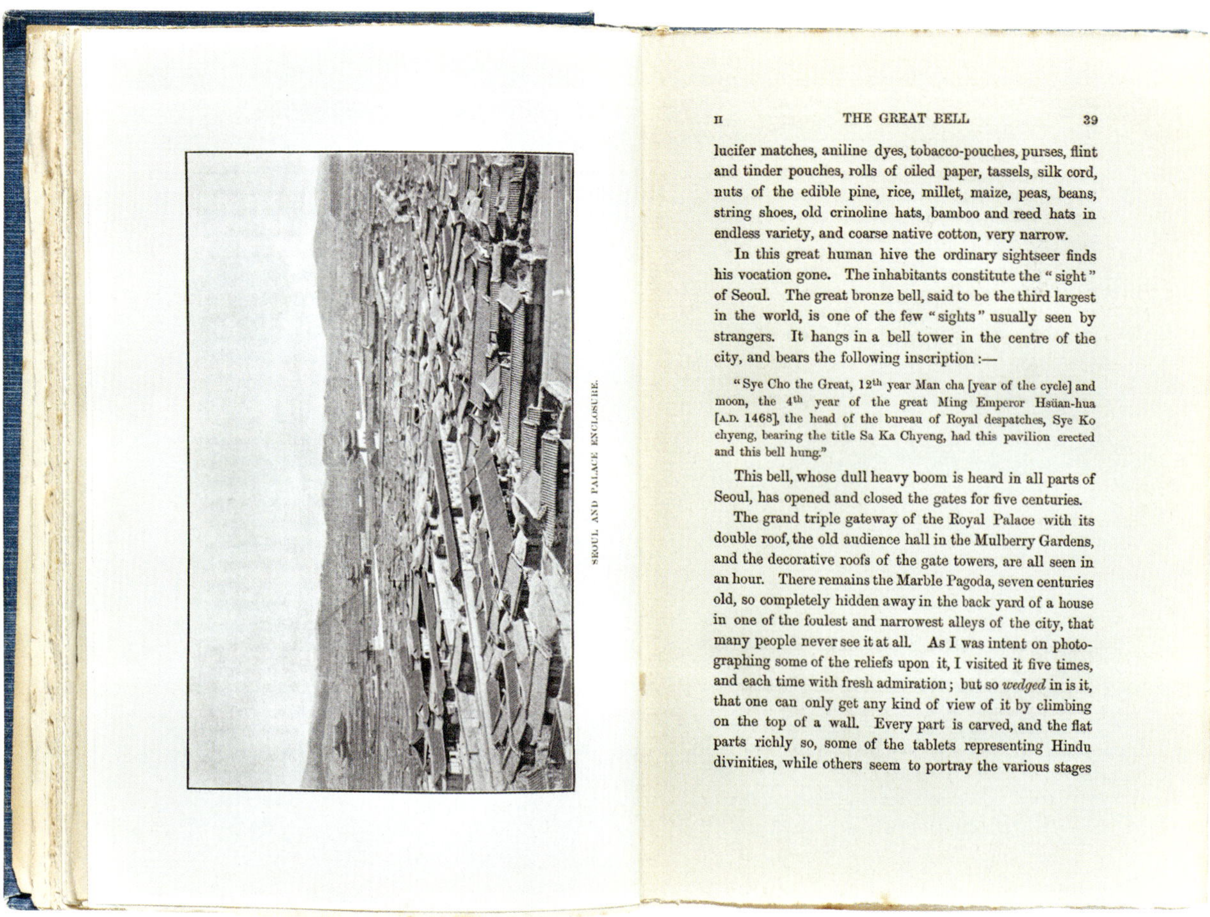

SEOUL AND PALACE ENCLOSURE.

II THE GREAT BELL 39

lucifer matches, aniline dyes, tobacco-pouches, purses, flint and tinder pouches, rolls of oiled paper, tassels, silk cord, nuts of the edible pine, rice, millet, maize, peas, beans, string shoes, old crinoline hats, bamboo and reed hats in endless variety, and coarse native cotton, very narrow.

In this great human hive the ordinary sightseer finds his vocation gone. The inhabitants constitute the "sight" of Seoul. The great bronze bell, said to be the third largest in the world, is one of the few "sights" usually seen by strangers. It hangs in a bell tower in the centre of the city, and bears the following inscription:—

"Sye Cho the Great, 12th year Man cha [year of the cycle] and moon, the 4th year of the great Ming Emperor Hsüan-hua [A.D. 1468], the head of the bureau of Royal despatches, Sye Ko chyeng, bearing the title Sa Ka Chyeng, had this pavilion erected and this bell hung."

This bell, whose dull heavy boom is heard in all parts of Seoul, has opened and closed the gates for five centuries.

The grand triple gateway of the Royal Palace with its double roof, the old audience hall in the Mulberry Gardens, and the decorative roofs of the gate towers, are all seen in an hour. There remains the Marble Pagoda, seven centuries old, so completely hidden away in the back yard of a house in one of the foulest and narrowest alleys of the city, that many people never see it at all. As I was intent on photographing some of the reliefs upon it, I visited it five times, and each time with fresh admiration; but so *wedged* in is it, that one can only get any kind of view of it by climbing on the top of a wall. Every part is carved, and the flat parts richly so, some of the tablets representing Hindu divinities, while others seem to portray the various stages

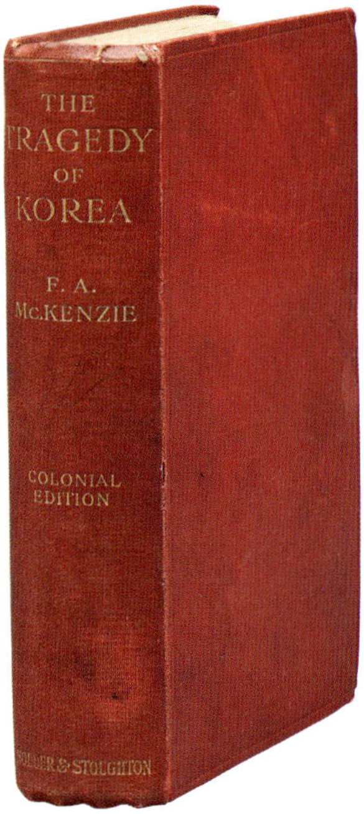

037

한국인의 비극

The Tragedy of Korea

Frederick Arthur Mckenzie | 1908년 | 20.5 × 14.4 | 서16934

1904년 러일전쟁 취재를 위해 조선을 방문한 캐나다 출신 영국 기자인 프레데릭 아서 맥켄지Frederick Arthur Mckenzie(1869~1931)의 책이다. 이 책에는 통금과 관련하여 남자들은 집으로 들어가지만, 여성들은 자유롭게 돌아다닌다고 기록되어 있다.

"해가 지고 한 시간 후가 되면 남자는 모두 집으로 들어가고 여성이 길가로 나오게 된다. 그것은 여성들을 위한 시간이며, 이 시간에 그녀들은 시가를 자유로이 다닐 수 있다."

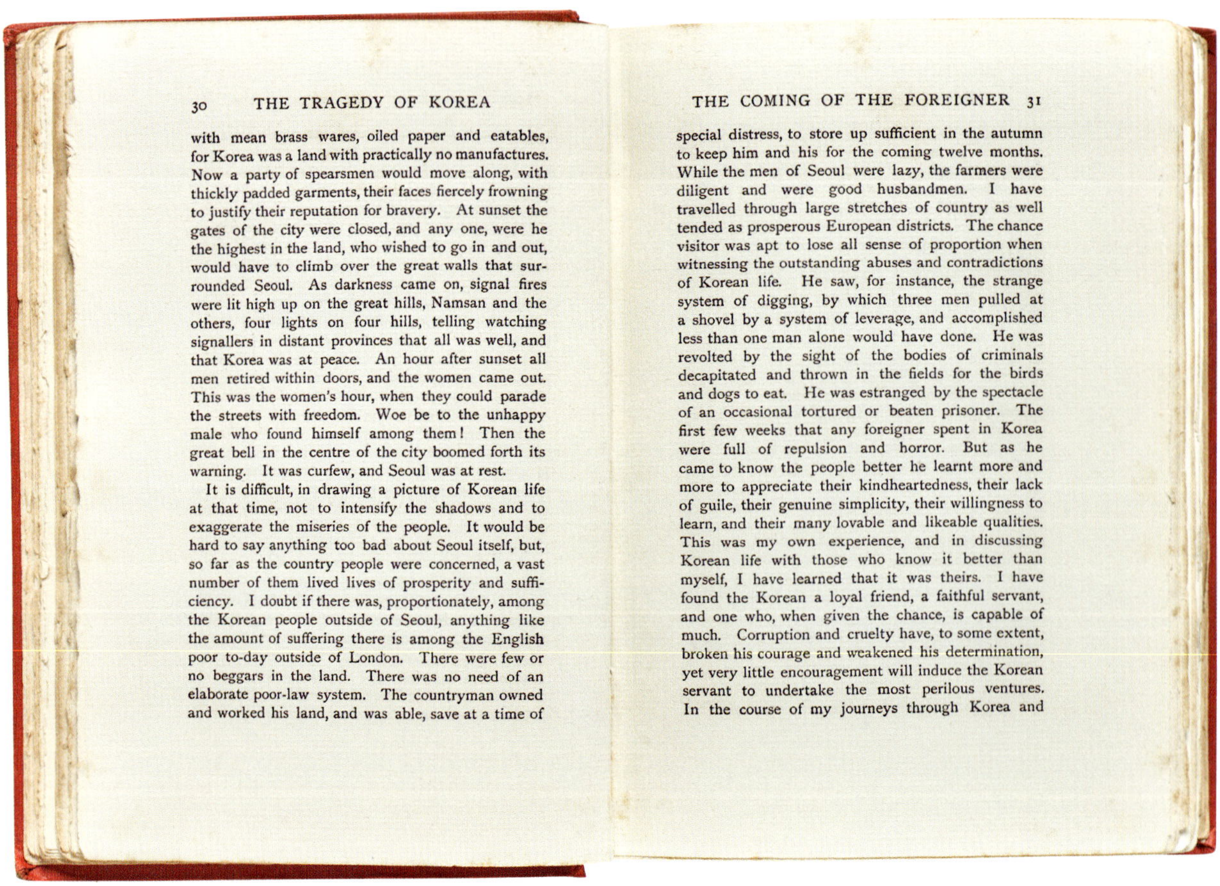

30 THE TRAGEDY OF KOREA

with mean brass wares, oiled paper and eatables, for Korea was a land with practically no manufactures. Now a party of spearsmen would move along, with thickly padded garments, their faces fiercely frowning to justify their reputation for bravery. At sunset the gates of the city were closed, and any one, were he the highest in the land, who wished to go in and out, would have to climb over the great walls that surrounded Seoul. As darkness came on, signal fires were lit high up on the great hills, Namsan and the others, four lights on four hills, telling watching signallers in distant provinces that all was well, and that Korea was at peace. An hour after sunset all men retired within doors, and the women came out. This was the women's hour, when they could parade the streets with freedom. Woe be to the unhappy male who found himself among them! Then the great bell in the centre of the city boomed forth its warning. It was curfew, and Seoul was at rest.

It is difficult, in drawing a picture of Korean life at that time, not to intensify the shadows and to exaggerate the miseries of the people. It would be hard to say anything too bad about Seoul itself, but, so far as the country people were concerned, a vast number of them lived lives of prosperity and sufficiency. I doubt if there was, proportionately, among the Korean people outside of Seoul, anything like the amount of suffering there is among the English poor to-day outside of London. There were few or no beggars in the land. There was no need of an elaborate poor-law system. The countryman owned and worked his land, and was able, save at a time of

THE COMING OF THE FOREIGNER 31

special distress, to store up sufficient in the autumn to keep him and his for the coming twelve months. While the men of Seoul were lazy, the farmers were diligent and were good husbandmen. I have travelled through large stretches of country as well tended as prosperous European districts. The chance visitor was apt to lose all sense of proportion when witnessing the outstanding abuses and contradictions of Korean life. He saw, for instance, the strange system of digging, by which three men pulled at a shovel by a system of leverage, and accomplished less than one man alone would have done. He was revolted by the sight of the bodies of criminals decapitated and thrown in the fields for the birds and dogs to eat. He was estranged by the spectacle of an occasional tortured or beaten prisoner. The first few weeks that any foreigner spent in Korea were full of repulsion and horror. But as he came to know the people better he learnt more and more to appreciate their kindheartedness, their lack of guile, their genuine simplicity, their willingness to learn, and their many lovable and likeable qualities. This was my own experience, and in discussing Korean life with those who know it better than myself, I have learned that it was theirs. I have found the Korean a loyal friend, a faithful servant, and one who, when given the chance, is capable of much. Corruption and cruelty have, to some extent, broken his courage and weakened his determination, yet very little encouragement will induce the Korean servant to undertake the most perilous ventures. In the course of my journeys through Korea and

038

서울풍물지

Korea from Its Capital: With a Chapter on Missions

George William Guilmore | 1892년 | 19.8×12.5 | 송파책박물관

선교사로 조선을 방문한 조지 윌리엄 길모어George William Guilmore(1858~1933)가 서울에서의 경험을 쓴 책이다. 그는 이 책에서 보신각의 종이 영국의 존John 왕 시대의 만종晩鐘처럼 거리에서 사람들이 집으로 돌아가야 할 시각을 알리듯 울린다고 기록하고 있다.

"약 9시 경에는 마치 영국의 존왕 시대의 만종처럼
거리에서 사람들이 집으로 돌아가야 할 시각을 알리듯
도심에서 큰 종이 그윽하고 풍부하고 낭랑한 소리가 울려퍼진다."

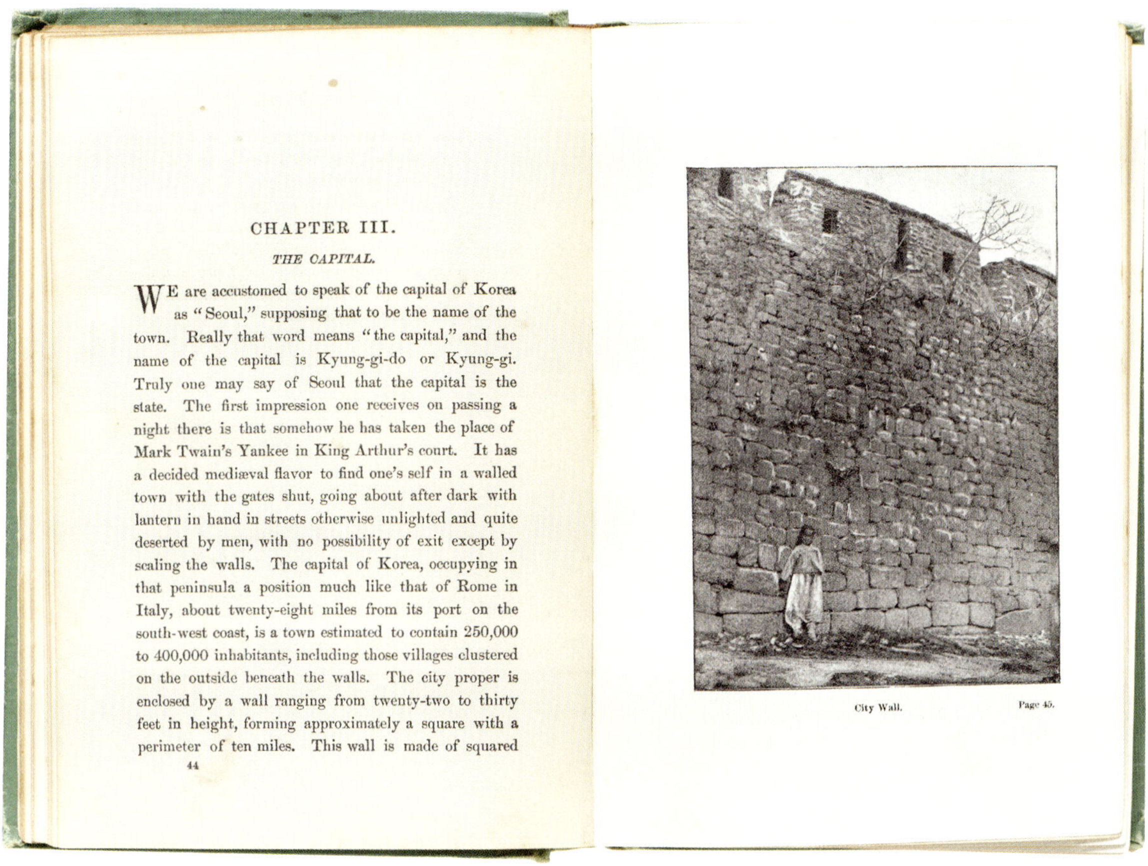

CHAPTER III.

THE CAPITAL.

WE are accustomed to speak of the capital of Korea as "Seoul," supposing that to be the name of the town. Really that word means "the capital," and the name of the capital is Kyung-gi-do or Kyung-gi. Truly one may say of Seoul that the capital is the state. The first impression one receives on passing a night there is that somehow he has taken the place of Mark Twain's Yankee in King Arthur's court. It has a decided mediæval flavor to find one's self in a walled town with the gates shut, going about after dark with lantern in hand in streets otherwise unlighted and quite deserted by men, with no possibility of exit except by scaling the walls. The capital of Korea, occupying in that peninsula a position much like that of Rome in Italy, about twenty-eight miles from its port on the south-west coast, is a town estimated to contain 250,000 to 400,000 inhabitants, including those villages clustered on the outside beneath the walls. The city proper is enclosed by a wall ranging from twenty-two to thirty feet in height, forming approximately a square with a perimeter of ten miles. This wall is made of squared

44

City Wall. Page 45.

039

버튼 홈즈의 이야기

The Burton Holmes Lectures, Vol. 10

Elias Burton Holmes | 1917년 | 25.0 × 18.0 | 서11505

엘리어스 버튼 홈즈Elias Burton Holmes(1870~1958)의 여행기 중 10권으로 조선 방문에 대한 기록을 담고 있다. 도시의 성문을 여닫는 신호로 종이 울렸다는 내용이 기록되어 있다.

"이전에는 도시 문을 여닫는 신호로 종을 울렸다. '꽝' 울리는 종소리는 한때 거대 도시의 하루 생활을 규제하고 명령하는 소리로 여겨졌다."

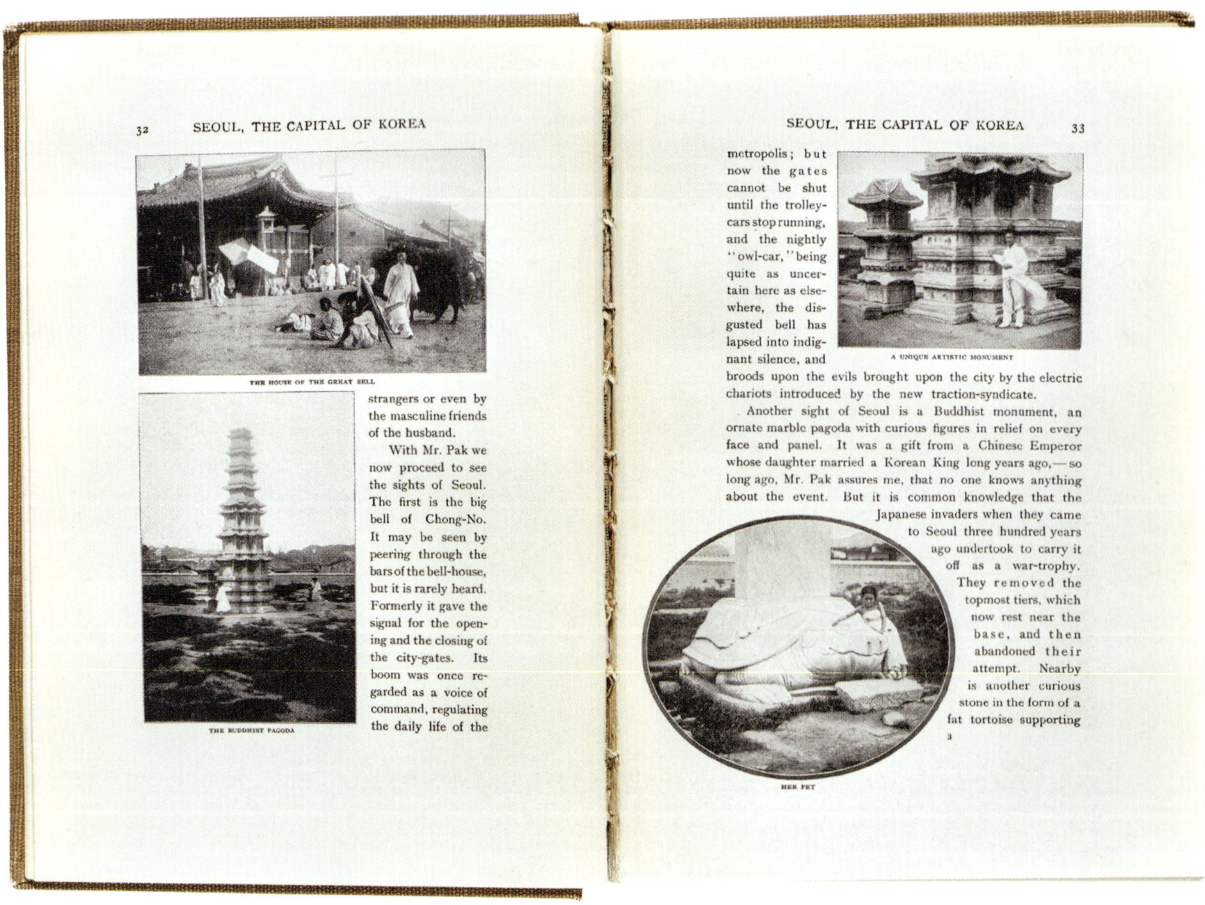

32 SEOUL, THE CAPITAL OF KOREA

THE HOUSE OF THE GREAT BELL

THE BUDDHIST PAGODA

strangers or even by the masculine friends of the husband.

With Mr. Pak we now proceed to see the sights of Seoul. The first is the big bell of Chong-No. It may be seen by peering through the bars of the bell-house, but it is rarely heard. Formerly it gave the signal for the opening and the closing of the city-gates. Its boom was once regarded as a voice of command, regulating the daily life of the

SEOUL, THE CAPITAL OF KOREA 33

metropolis; but now the gates cannot be shut until the trolley-cars stop running, and the nightly "owl-car," being quite as uncertain here as elsewhere, the disgusted bell has lapsed into indignant silence, and broods upon the evils brought upon the city by the electric chariots introduced by the new traction-syndicate.

A UNIQUE ARTISTIC MONUMENT

Another sight of Seoul is a Buddhist monument, an ornate marble pagoda with curious figures in relief on every face and panel. It was a gift from a Chinese Emperor whose daughter married a Korean King long years ago,—so long ago, Mr. Pak assures me, that no one knows anything about the event. But it is common knowledge that the Japanese invaders when they came to Seoul three hundred years ago undertook to carry it off as a war-trophy. They removed the topmost tiers, which now rest near the base, and then abandoned their attempt. Nearby is another curious stone in the form of a fat tortoise supporting

3

HER PET

THE HOUSE OF THE GREAT BELL

THE BUDDHIST PAGODA

strangers or even by the masculine friends of the husband.

With Mr. Pak we now proceed to see the sights of Seoul. The first is the big bell of Chong-No. It may be seen by peering through the bars of the bell-house, but it is rarely heard. Formerly it gave the signal for the opening and the closing of the city-gates. Its boom was once regarded as a voice of command, regulating the daily life of the

040

상투의 나라

Fifteen Years among the Top-knots: Life in Korea

Lilias Horton Underwood | 1904년 | 20.9 × 14.8 | 송파책박물관

1888년부터 15년간 서울에 머물렀던 릴리아스 호튼 언더우드 Lilias Horton Underwood(1851~1921)의 기록이다. 이 기록에서 언더우드는 종소리가 울려 문이 잠기면 새벽에 같은 종소리가 울리고 신호가 있을 때까지 문을 열어서는 안 된다고 기록하고 있다.

"이 종의 아주 부드럽고, 엄숙하며, 낮지만 감동적인 음조가 들릴 때, 육중한 문이 움직여 잠기고, 새벽의 여명이 되어 똑같은 종소리가 울려 보초들에게 신호가 있을 때까지 열어서는 안 된다."

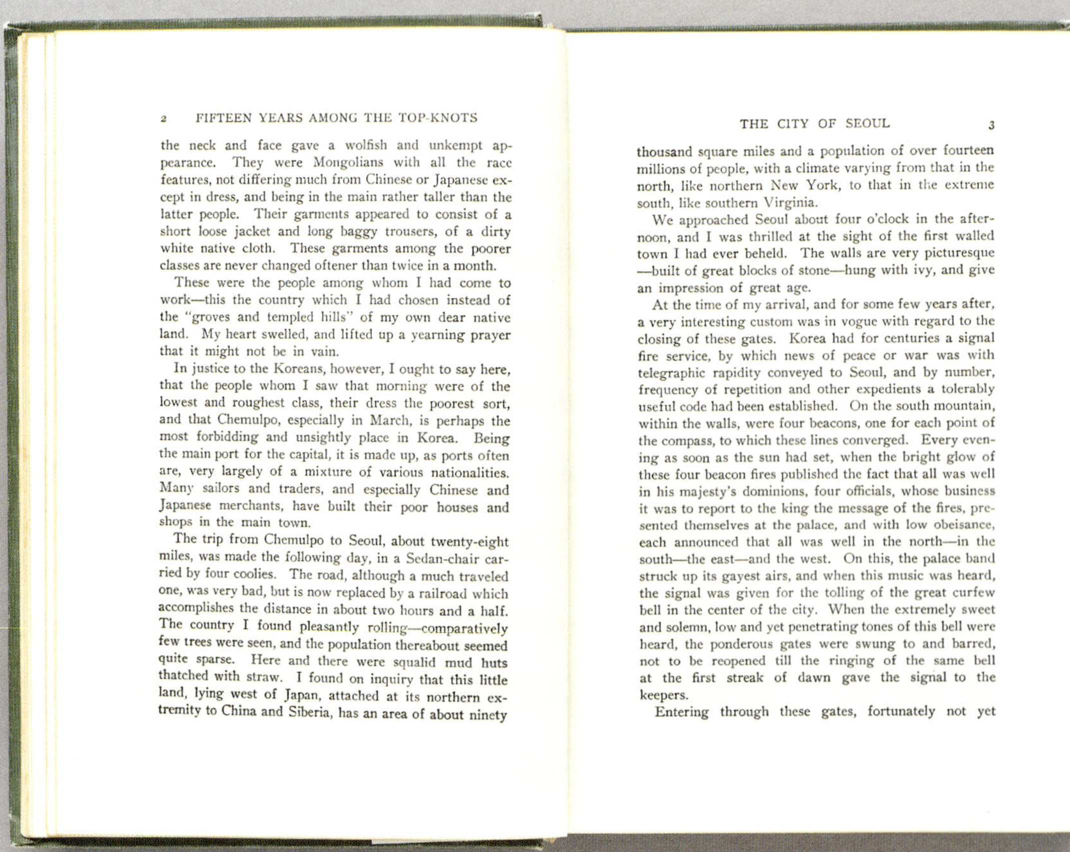

2 FIFTEEN YEARS AMONG THE TOP-KNOTS

the neck and face gave a wolfish and unkempt appearance. They were Mongolians with all the race features, not differing much from Chinese or Japanese except in dress, and being in the main rather taller than the latter people. Their garments appeared to consist of a short loose jacket and long baggy trousers, of a dirty white native cloth. These garments among the poorer classes are never changed oftener than twice in a month.

These were the people among whom I had come to work—this the country which I had chosen instead of the "groves and templed hills" of my own dear native land. My heart swelled, and lifted up a yearning prayer that it might not be in vain.

In justice to the Koreans, however, I ought to say here, that the people whom I saw that morning were of the lowest and roughest class, their dress the poorest sort, and that Chemulpo, especially in March, is perhaps the most forbidding and unsightly place in Korea. Being the main port for the capital, it is made up, as ports often are, very largely of a mixture of various nationalities. Many sailors and traders, and especially Chinese and Japanese merchants, have built their poor houses and shops in the main town.

The trip from Chemulpo to Seoul, about twenty-eight miles, was made the following day, in a Sedan-chair carried by four coolies. The road, although a much traveled one, was very bad, but is now replaced by a railroad which accomplishes the distance in about two hours and a half. The country I found pleasantly rolling—comparatively few trees were seen, and the population thereabout seemed quite sparse. Here and there were squalid mud huts thatched with straw. I found on inquiry that this little land, lying west of Japan, attached at its northern extremity to China and Siberia, has an area of about ninety

THE CITY OF SEOUL 3

thousand square miles and a population of over fourteen millions of people, with a climate varying from that in the north, like northern New York, to that in the extreme south, like southern Virginia.

We approached Seoul about four o'clock in the afternoon, and I was thrilled at the sight of the first walled town I had ever beheld. The walls are very picturesque —built of great blocks of stone—hung with ivy, and give an impression of great age.

At the time of my arrival, and for some few years after, a very interesting custom was in vogue with regard to the closing of these gates. Korea had for centuries a signal fire service, by which news of peace or war was with telegraphic rapidity conveyed to Seoul, and by number, frequency of repetition and other expedients a tolerably useful code had been established. On the south mountain, within the walls, were four beacons, one for each point of the compass, to which these lines converged. Every evening as soon as the sun had set, when the bright glow of these four beacon fires published the fact that all was well in his majesty's dominions, four officials, whose business it was to report to the king the message of the fires, presented themselves at the palace, and with low obeisance, each announced that all was well in the north—in the south—the east—and the west. On this, the palace band struck up its gayest airs, and when this music was heard, the signal was given for the tolling of the great curfew bell in the center of the city. When the extremely sweet and solemn, low and yet penetrating tones of this bell were heard, the ponderous gates were swung to and barred, not to be reopened till the ringing of the same bell at the first streak of dawn gave the signal to the keepers.

Entering through these gates, fortunately not yet

041

조선: 조용한 아침의 나라

Chosön: The Land of the Morning Calm

Percival L. Lowell | 1885년 | 23.5 × 17.3 | 송파책박물관

미국의 천문학자 퍼시벌 로웰Percival L. Lowell(1855~1916)이 1883년 3개월 동안 조선을 방문하고 쓴 방문기이다. 그는 거대한 성벽으로 둘러싸인 조선의 도시를 언급하면서, 서울의 성문이 닫힌 뒤부터 새벽까지의 밤 풍경을 기록하고 있다.

장안 한 가운데에는 커다란 종[보신각 종]이 하나 있다.
두 개의 주요한 도로가 십자로 만나는 지점에 놓인 이 종은
극동 지역의 종 중에서도 큰 축에 속한다.
(중간생략) 성 안에서 준수해야 할 여러 가지 일들을 규제하는데 쓰인다.
예컨대 종이 울리면 성문이 닫히기 때문에 사람들은 들고 나는 것을
여기에 따라야만 한다. 종은 대개 낮 동안은 침묵을 지키다가
밤이 되면 드디어 활동을 개시한다.

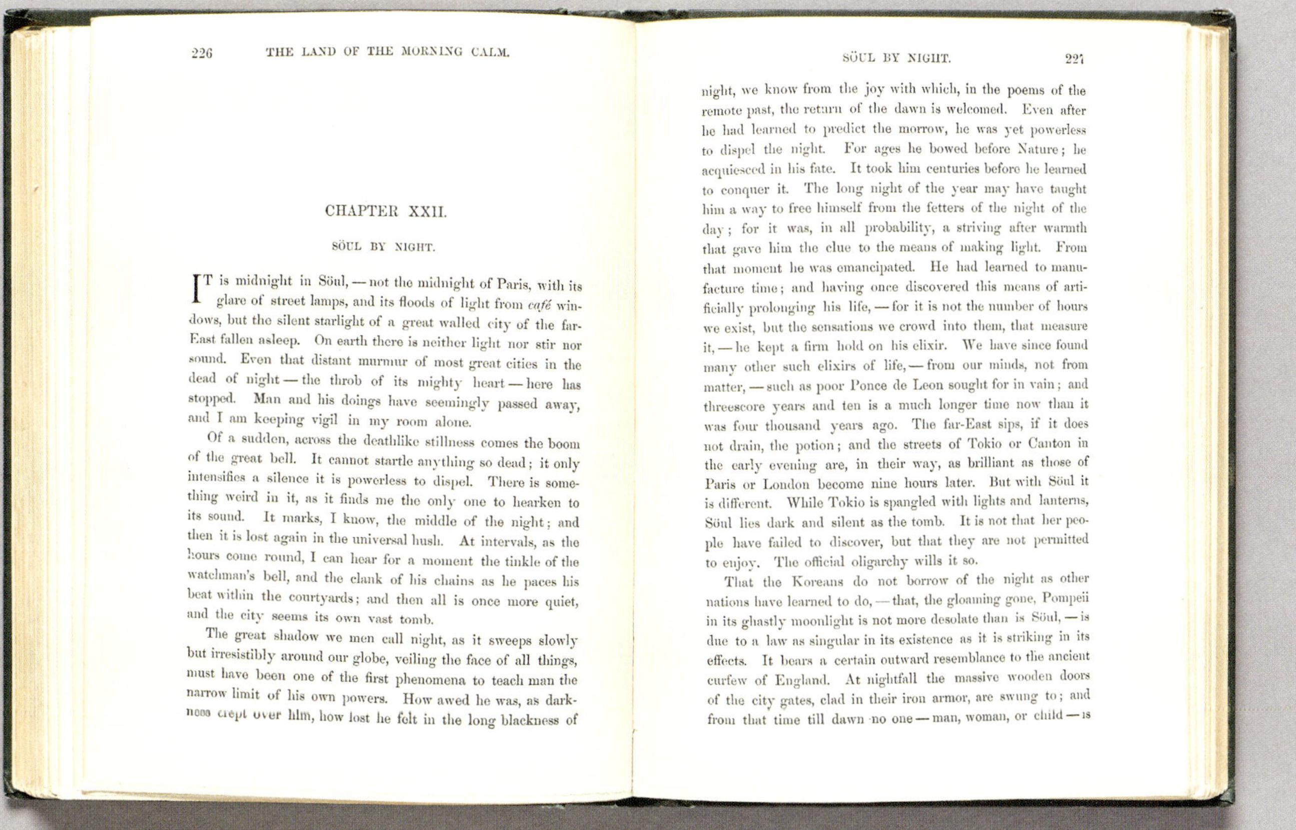

226 THE LAND OF THE MORNING CALM.

CHAPTER XXII.

SÖUL BY NIGHT.

IT is midnight in Söul, — not the midnight of Paris, with its glare of street lamps, and its floods of light from *café* windows, but the silent starlight of a great walled city of the far-East fallen asleep. On earth there is neither light nor stir nor sound. Even that distant murmur of most great cities in the dead of night — the throb of its mighty heart — here has stopped. Man and his doings have seemingly passed away, and I am keeping vigil in my room alone.

Of a sudden, across the deathlike stillness comes the boom of the great bell. It cannot startle anything so dead; it only intensifies a silence it is powerless to dispel. There is something weird in it, as it finds me the only one to hearken to its sound. It marks, I know, the middle of the night; and then it is lost again in the universal hush. At intervals, as the hours come round, I can hear for a moment the tinkle of the watchman's bell, and the clank of his chains as he paces his beat within the courtyards; and then all is once more quiet, and the city seems its own vast tomb.

The great shadow we men call night, as it sweeps slowly but irresistibly around our globe, veiling the face of all things, must have been one of the first phenomena to teach man the narrow limit of his own powers. How awed he was, as darkness crept over him, how lost he felt in the long blackness of

SÖUL BY NIGHT. 227

night, we know from the joy with which, in the poems of the remote past, the return of the dawn is welcomed. Even after he had learned to predict the morrow, he was yet powerless to dispel the night. For ages he bowed before Nature; he acquiesced in his fate. It took him centuries before he learned to conquer it. The long night of the year may have taught him a way to free himself from the fetters of the night of the day; for it was, in all probability, a striving after warmth that gave him the clue to the means of making light. From that moment he was emancipated. He had learned to manufacture time; and having once discovered this means of artificially prolonging his life, — for it is not the number of hours we exist, but the sensations we crowd into them, that measure it, — he kept a firm hold on his elixir. We have since found many other such elixirs of life, — from our minds, not from matter, — such as poor Ponce de Leon sought for in vain; and threescore years and ten is a much longer time now than it was four thousand years ago. The far-East sips, if it does not drain, the potion; and the streets of Tokio or Canton in the early evening are, in their way, as brilliant as those of Paris or London become nine hours later. But with Söul it is different. While Tokio is spangled with lights and lanterns, Söul lies dark and silent as the tomb. It is not that her people have failed to discover, but that they are not permitted to enjoy. The official oligarchy wills it so.

That the Koreans do not borrow of the night as other nations have learned to do, — that, the gloaming gone, Pompeii in its ghastly moonlight is not more desolate than is Söul, — is due to a law as singular in its existence as it is striking in its effects. It bears a certain outward resemblance to the ancient curfew of England. At nightfall the massive wooden doors of the city gates, clad in their iron armor, are swung to; and from that time till dawn no one — man, woman, or child — is

3

종루에서 보신각으로

Evolution From Bell Tower to Bosingak Belfry

보신각은 600여 년의 오랜 역사를 거치며 여러 변화를 겪었다. 가장 큰 변화는 근대기 서양식 시간 체계의 도입으로, 한양의 공중시계로서 보신각의 역할이 끝나게 된 것이다.
종루 또는 종각으로 불리다가 1895년 고종에 의해 '보신각'이라는 새로운 이름도 갖게 되었으며, 그 위치는 20세기 이후 여러 차례 변하였다. 1915년 도로 확장공사를 위해 원래 위치에서 비스듬하게 뒤로 이전하였고, 1953년 재건과 1979년 중건 때에도 한 차례씩 뒤쪽으로 옮겨지며 현재 위치에 자리 잡게 되었다.
보신각종도 두 차례 교체되었다. 태조 때 만든 종은 임진왜란으로 손상되어, 원각사 종으로 교체하였다. 이후 오랜 시간 동안 한양의 시간을 알렸던 옛 보신각 동종도 1985년 새 종으로 교체되면서 약 500년간 울렸던 옛 보신각 동종은 그 역할을 다하였다.

Over its 600-year history, Bosingak Belfry has undergone numerous transformations. One of the most significant changes occurred during the modern period with the introduction of the Western time system, which marked the end of the pavilion's role as Hanyang's public clock.
Originally known as Jongnu or Jonggak, it was renamed Bosingak in 1895 by King Gojong of the Joseon Dynasty. Its location has also changed several times since the 20th century.
The bell itself has also been replaced twice. The original bell, made during King Taejo's reign, was damaged during the Japanese invasion of Korea, or Imjin Waeran (1592–1598), and replaced with the bell from Wongaksa Temple. This old bronze bell of Bosingak Belfry chimed for centuries to mark the time in Hanyang until it was ultimately replaced with a new bell in 1985, concluding its nearly 500-year tenure.

근대의 시간

Time System of the Modern Period

조선이 사용해 온 시간 체계는 계절에 따라 밤낮의 길이가 다른 자연시계를 반영한 것이었다. 농업을 중시했던 전근대 사회에서는 이러한 시간 개념이 적합하였다. 그러나 근대 기차, 전차와 같은 대중교통이 도입되면서 정확한 시간을 아는 것이 중요해졌다.

마침내 1895년 9월 갑오개혁 시기에 조선의 건국과 함께 시행된 인정과 파루제도는 폐지되었다. 이와 함께 보신각 종소리도 멈추었으나, 일제강점기 내내 보신각 종소리를 되살리려는 지속적인 움직임들이 있었다. 1920~1930년대 종로 중앙번영회, 경성 각 불교연합회, 경성방송국 등에서 보신각 종소리를 되살리려는 시도를 하였다. 그러나 조선총독부는 모든 보신각 타종을 불허했으며, 광복 이전까지 보신각 종소리는 울리지 않았다.

042

한국명소사진첩 韓國名所寫眞帖

Photo Album of Korean Landmarks

1908년 | 13.0 × 19.4 | 서54173

한국출판협회에서 발행한 《한국명소사진첩》 제1집이다.
경성을 비롯한 전국 명소의 사진이 실려 있으며
종로 보신각과 종로 거리가 포함되어 있다.

KOREA Comes to WALTHAM for TIME
Awakening to the call of civilization, Korea declared:
"We will have the most accurate, the most reliable and dependable watch to keep time upon our new railroads. We will send out men wise in these matters to find that watch for us."
And they came to Waltham.
What they found was superior to the offerings of England, Switzerland or France — the railroad watch which human genius has not yet surpassed.
There are more Waltham watches in use on the world's railroads than all other makes combined. Especially is this true in the United States and Canada.
The Colonial A
Extremely thin at no sacrifice of accuracy
Maximus movement 21 jewels
Riverside movement 19 jewels
Waltham Watch Supremacy is demonstrated by the universal use of the Vanguard Railroad Watch and the Colonial A. Allow your jeweler to place the Colonial A in your hand. Here is a work of watchmaking art that is beautiful to behold. The refinement, the perfect size, the richness of the ensemble, denote the masterpiece.
WALTHAM WATCH COMPANY
WALTHAM, MASS.
CANADA: 189 St. James Street, Montreal
Manufacturers of the Waltham Speedometer and Automobile Clocks
There is Nothing in the World So Watchful Over Time as the WALTHAM Watch

044
회중시계 懷中時計
Pocket Watch
19세기 말~1917년 | 지름 4.8 | 운1104

앞의 회중시계 광고전단을 제작한 월섬사에서 제작한 원형 회중시계이다. 앞면에 문양이 음각되어 있으며 뚜껑을 열면 시계 다이얼이 나온다. 이 시계는 흥선대원군의 장손인 이준용李埈鎔(1870~1917) 묘에서 출토되었다.

조선, 시간을 찾아 월섬(Waltham)에 오다.
문명의 부름에 눈뜬 조선은 선언했습니다.

"우리는 세상에서 가장 정확하며
믿고 의지할 수 있는 시계를 확보하려 하니,
이는 시간에 맞춰 새 철도를 운영하고자 함이라.
이에 정통한 사람들을 보내어
그런 시계를 찾아오도록 하리라."

043
회중시계 광고전단 懷中時計 廣告傳單
Advertisement for a Pocket Watch
20세기 초 | 29.7 × 21.2 | 서22578

미국 월섬사에서 제작한 회중시계 광고전단이다. 'KOREA Comes to WALTHAM for TIME'이라는 제목 아래에 조선 전통 복장의 남자와 회중시계 그림이 인쇄되어 있다. 정확한 기차 시간을 위해서 시계가 필요함을 강조하고 있다.

045
일제강점기사진첩 日帝强占期寫眞帖
Photo Album of the Japanese Occupation

1910~1920년대 | 13.0 × 18.5 | 서52017

일제강점기 경성의 모습을 담은 사진첩이다.
보신각을 비롯한 경성의 풍경과
사람들의 생활 모습이 담겨 있다.

普信閣

046

경성 京城

Gyeongseong (Now Seoul) Guidebook

일제강점기 | 18.8×8.8 | 서27648

남만주철도주식회사 경성관리국에서 펴낸 경성과 인천, 수원, 개성 부근 안내 책자이다. 25장 분량의 소책자이며 경성부京城府의 보신각, 남대문南大門, 경운궁慶運宮, 탑골공원 등을 소개하고 있다.

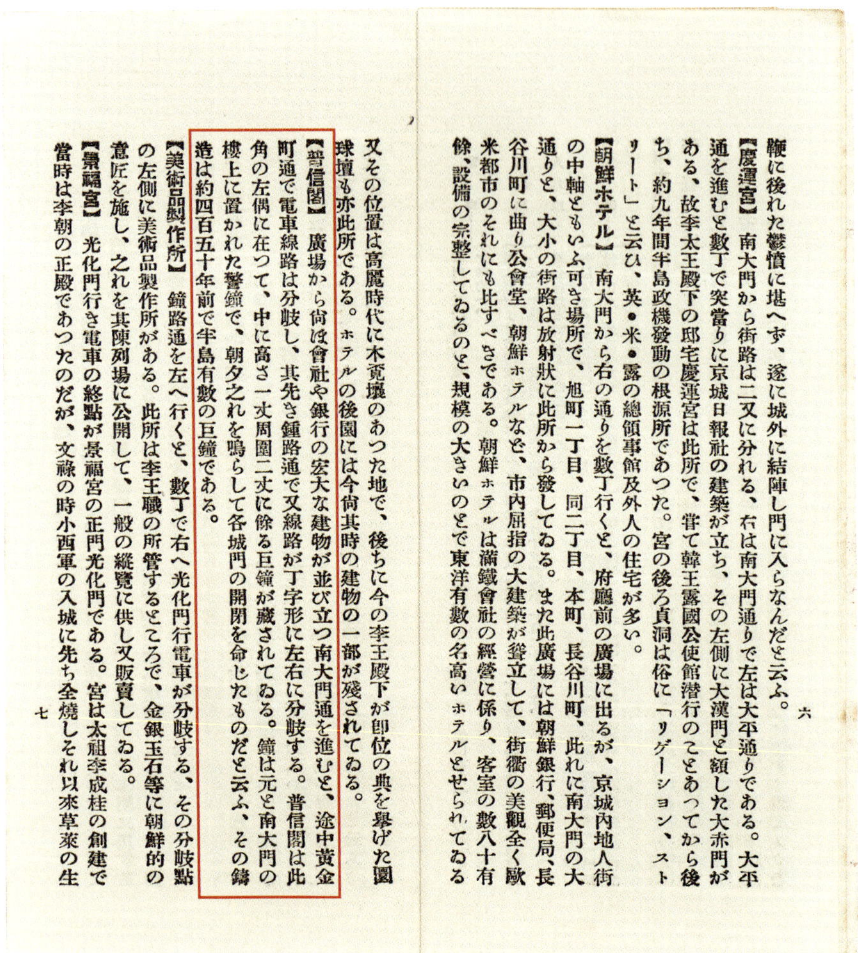

鞭に後れた鬱憤に堪へず、遂に城外に結陣し門に入らなんだと云ふ。

【慶運宮】 南大門から街路は二叉に分れる、右は南大門通りで左は大平通りである。大平通を進むと數丁で突當りに京城日報社の建築が立ち、その左側に大漢門と額した大赤門がある、故李太王殿下の邸宅慶運宮は此所で、嘗て韓王露國公使館潜行のことあってから後ち、約九年間半島政機發動の根源所であつた。宮の後ろ貞洞は俗に「リゲーション、ストリート」と云ひ、英・米・露の總領事館及外人の住宅が多い。

【朝鮮ホテル】 南大門から右の通りを數丁行くと、府廳前の廣場に出るが、京城内地人街の中軸ともいふ可き場所で、旭町一丁目、同二丁目、本町、長谷川町、此れに南大門の大通りと、大小の街路は放射狀に此所から發してゐる。また此廣場には朝鮮銀行、郵便局、長谷川町に曲り公會堂、朝鮮ホテルなど、市内屈指の大建築が聳立して、街衢の美觀全く歐米都市のそれにも比すべきである。朝鮮ホテルは滿鐵會社の經營に係り、客室の數八十有餘、設備の完整してゐるのと、規模の大きいのとで東洋有數の名高いホテルとせられてゐる

六

又その位置は高麗時代に木覓壤のあつた地で、後ちに今の李王殿下が卽位の典を擧げた圜球壇も亦此所である。ホテルの後園には今尙其時の建物の一部が殘されてゐる。

【普信閣】 廣場から尙ほ會社や銀行の宏大な建物が並び立つ南大門通を進むと、途中黃金町通で電車線路は分岐し、其先き鍾路通で又線路が丁字形に左右に分岐する。普信閣は此角の左偶に在つて、中に高さ一丈周圍二丈に餘る巨鐘が藏されてゐる。鐘は元と南大門の樓上に置かれた警鐘で、朝夕之れを鳴らして各城門の開閉を命じたものだと云ふ、その鑄造は約四百五十年前で半島有數の巨鐘である。

【美術品製作所】 鐘路通を左へ行くと、數丁で右へ光化門行電車が分岐する、その分岐點の左側に美術品製作所がある。此所は李王職の所管するところで、金銀玉石等に朝鮮的の意匠を施し、之れを其陳列場に公開して、一般の縱覽に供し又販賣してゐる。

【景福宮】 光化門行き電車の終點が景福宮の正門光化門である。宮は太祖李成桂の創建で當時は李朝の正殿であつたのだが、文祿の時小西軍の入城に先ち全燒しそれ以來草萊の生

七

광장으로부터 회사나 은행의 광대한 건물이 나란히 서 있는 남대문통南大門通(현재 남대문로)을 지나면 황금정통黃金町通(현재 을지로)에서 전차 노선이 갈라지고, 그 앞 종로통鐘路通에서는 다시 선로가 정자형丁字形으로 갈라진다. 보신각은 이 코너 좌측 구석에 있으며, 안에는 높이 1장丈(약 3m) 둘레 2장丈(약 6m)에 달하는 큰 종이 보관되어 있다. 종은 원래 남대문 누각 위에 놓여 있었던 경종警鐘으로, 아침과 저녁 종을 울려서 각 성문의 개폐開閉를 명하는 것이었다고 한다. 그 주조 시기는 약 450년 전으로 반도半島 유수有數의 거종이다.

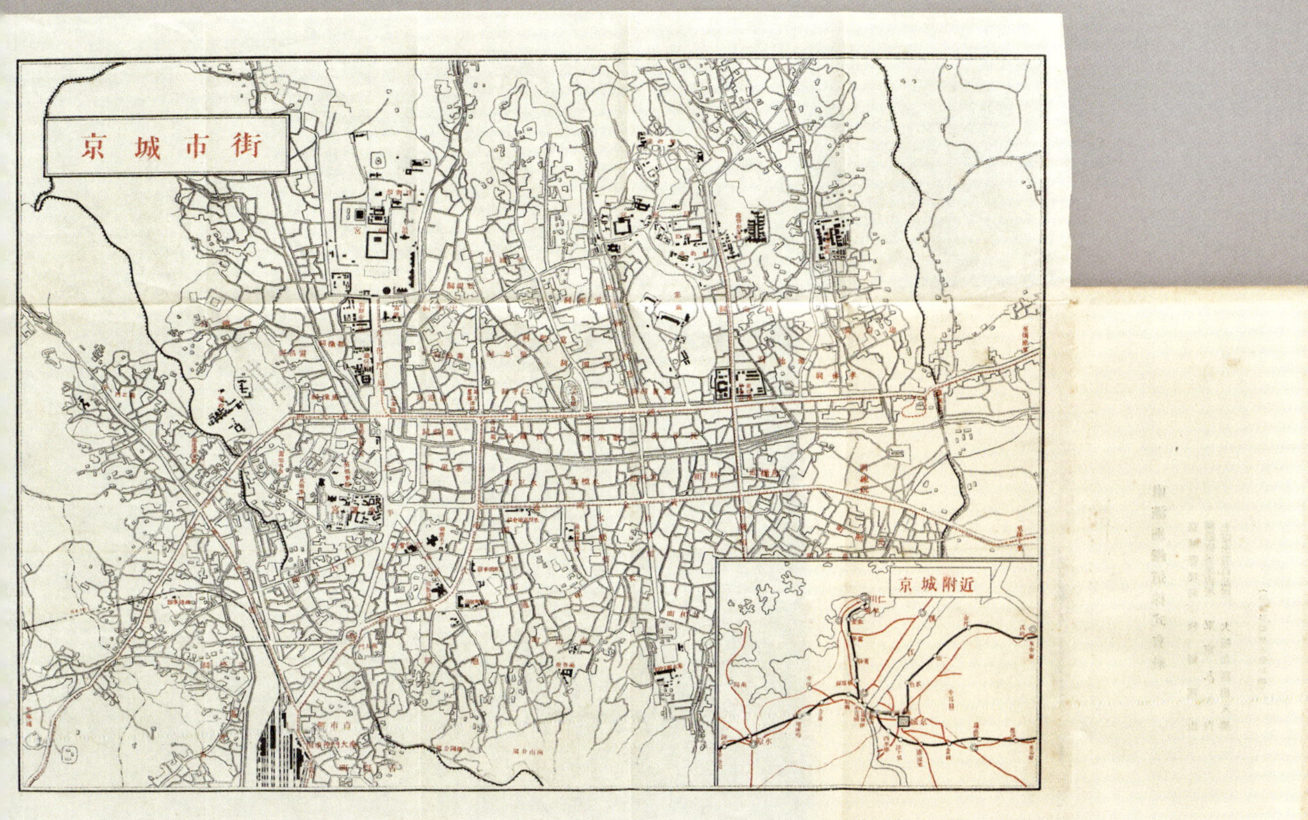

京城市街
博物館
景福宮
松峴洞
壽松洞
都染洞
光化門通
社稷洞
需昌洞
遞信局
唐珠洞
西大門
淸進洞
瑞麟洞
茶屋町
보신각
普信閣
露領事館
英領事館
米領事館
慶運宮
獨立門
太平通
西小門町
佛領事館
公會堂
朝鮮ホテル
남대문통
南大門通
京城郵便局
支那領事館
南大門
旭町
中林洞
古市町
南大門停車場
漢陽公園

植物園
總督府醫院
博物館
動物園
宗廟
苑南洞
忠信洞
蓮池洞
孝悌洞
雲泥洞
종로통
鍾路
長沙洞
觀水洞
林町
舟橋町
訓練院
水標町
황금정통
黃金町
花園町
光熙町
並木町
京城附近
仁川
朱安
富平
素砂
漢江
金村
一山
水色
牛耳洞
京城
議政府
水原
安山
南陽
安養
永登浦
始興
鷺梁津
龍山
西氷庫

047

경성사진 담배카드

Cigarette Cards with Photos of Gyeongseong (Now Seoul)

일제강점기 | 각 4.0 × 7.0 | 서54199

담뱃갑에 꽂는 카드로 앞면에 경성 풍경 사진이, 뒷면에 지명과 설명이 기재되어 있다. 보신각 사진과 설명을 담은 카드가 포함되어 있다.

[보신각]

보신각은 남대문통과 종로통의 네거리 남쪽 모퉁이에 있으며, 안에 있는 거종巨鐘은 높이 약 3m, 둘레 약 6m이다. 지금으로부터 약 440년 전, 조선 세조 13년(1467)에 주조된 대원각사大圓覺寺의 종으로, 밤낮으로 각 성문에서 개폐의 시각을 알리는 것에 사용했다고 전해진다. 종로통은 [경성]부내 최고로 번화한 거리로 조선시대부터 거상巨商이 이곳에 집을 나란히 놓고 있다. 현재 이 종로 거리의 이름은 이 종이 있어서 붙여진 이름으로 생각된다.

普信閣

普信閣は南大門通と鐘路通の四つ辻南隅にあり、内に在る巨鐘は高さ三米餘、周圍六米餘今を距る四百四十餘年前、李朝世祖十三年に鑄造せられた大圓覺寺の遺鐘で、朝夕各城門に開閉の時刻を報知するに用ひたものだと云ふ。鐘路通は府内最殷盛の朝鮮街で李朝時代から巨商此處に軒を竝べてゐる。現在の町名鐘路通は此の遺鐘あるに依つて名付けられたものと思はれる。

京城名所案内第一輯の一

カード番號二八四

광복 이후 보신각의 변화

Changes to the Bosingak Belfry After Korea's Liberation

1950년 발발한 한국전쟁으로 서울이 폐허가 되면서 보신각도 소실되었다.
새로운 보신각은 1953년 재건하였고, 1979년에는 세종대의 형태로
복원하기 위해 2층 누각으로 중건하였다.
광복 이후, 보신각은 타종행사를 통해 그 소리를 되찾게 되었다.
타종행사는 보신각종을 치는 행사로, 특정 기념일의 축하행사로
진행되었다. 대표적인 타종행사는 제야의 종 행사가 있으며,
3·1절, 광복절, 개천절 등의 기념일에도 타종을 한다.
1979년 3·1절 행사를 준비하는 과정에서 종에 균열이 발견되었다.
보신각 옛 종은 보존처리를 마친 후 국립중앙박물관 야외 전시실로
옮겨졌으며, 1985년 새로운 보신각종이 시민 성금을 통해
만들어져 대체하게 되었다.

048

불에 탄 보신각

Bosingak Bell Charred during the Korean War

임인식 촬영 | 1950년 | 서기3562

임인식林寅植(1920~1998)이 찍은 1950년의 보신각 사진이다. 전쟁으로 불타버린 보신각의 모습을 담고 있다.

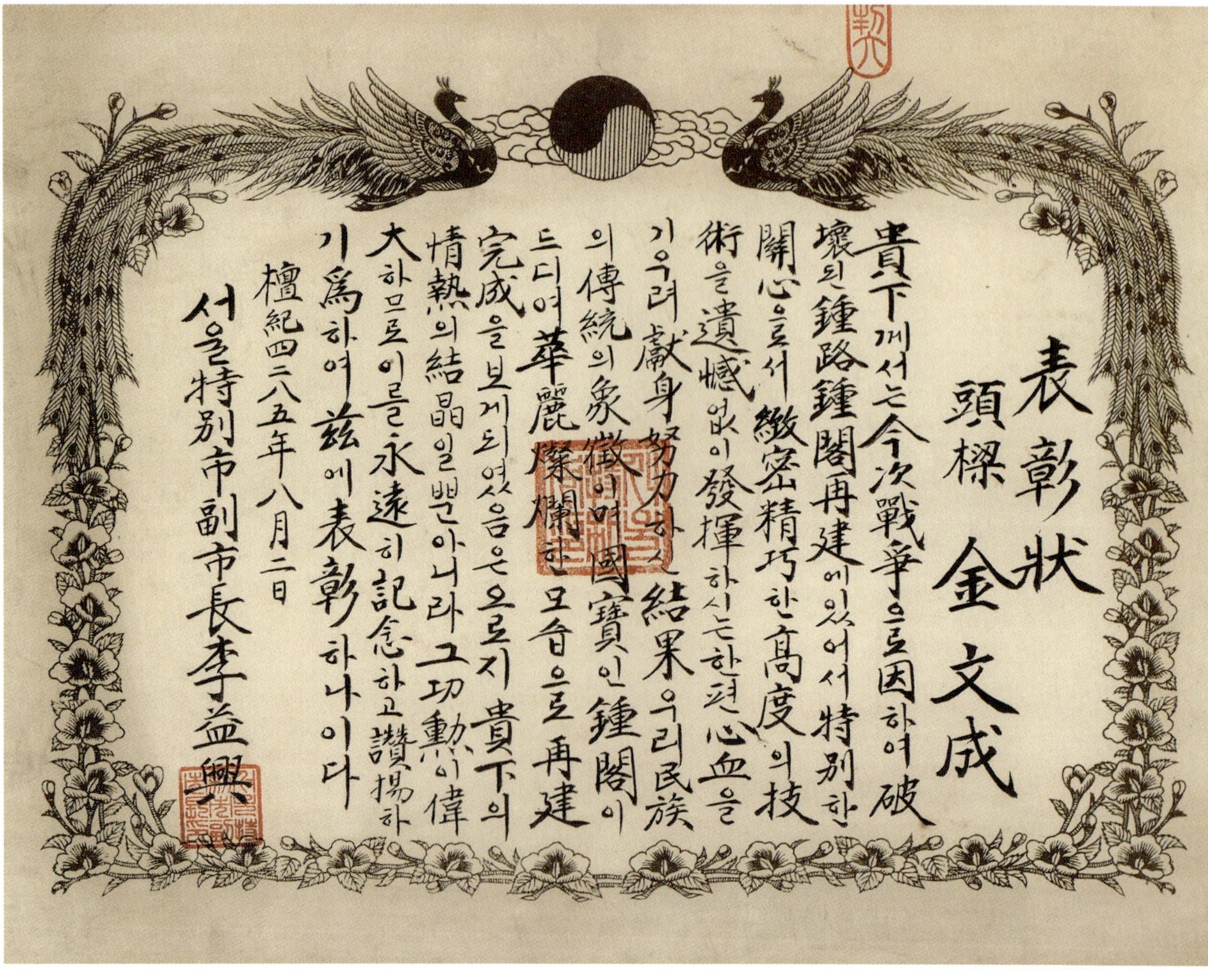

049

표창장 表彰狀

Certificate of Appreciation

1952년 | 32.3 × 40.4 | 서기16038

1952년 서울시 부시장 이익흥李益興(1905~1993)이 김문성金文成에게 수여한 표창장이다. 전쟁으로 파괴된 종로 종각을 재건하기 위한 노고에 감사함을 표하고 있다.

050

보신각 사진 **普信閣 寫眞**

Photo of Bosingak Belfry

1950년대 | 7.8×11.2 | 서27746

한국전쟁 전 서울의 모습을 담은 사진이다.
중층으로 보수되기 이전 단층 상태의
보신각 모습을 확인할 수 있다.

051
1950년대 보신각 보수공사 사진
1950年代 普信閣 補修工事 寫眞
Photos of the Bosingak Belfry Restoration Project in the 1950s

1950년대 | 서기16003

1950년대 건축 문화유산 보수공사 사진이다. 보신각과 보신각종의 보수공사 과정과 해체되어 누워 있는 보신각종의 모습을 확인할 수 있다.

普信閣

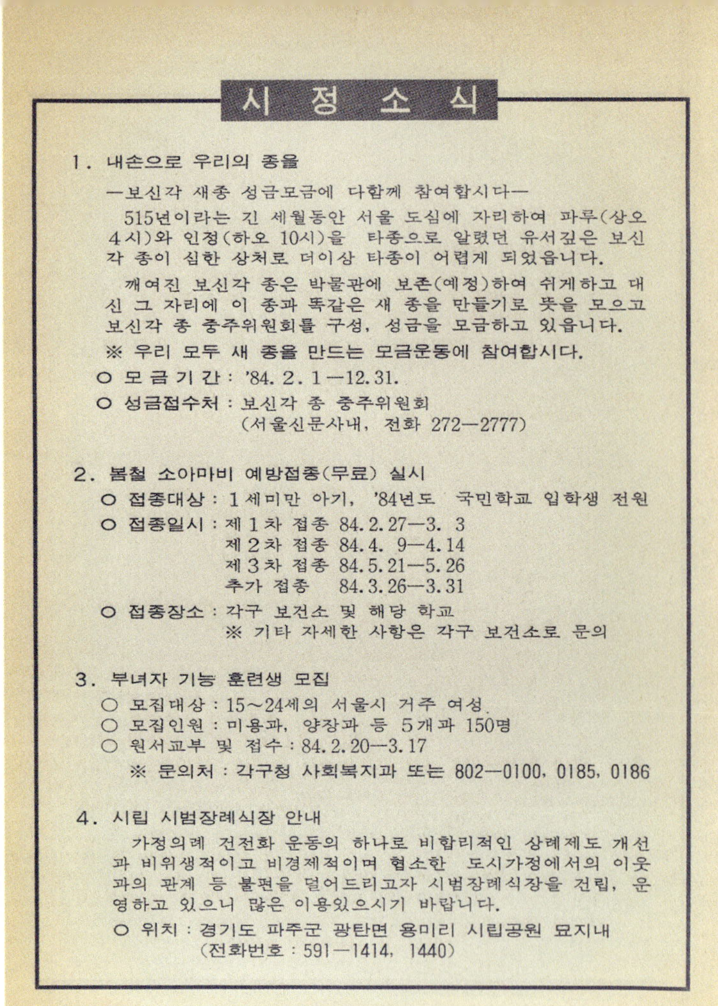

시 정 소 식

1. 내손으로 우리의 종을

—보신각 새종 성금모금에 다함께 참여합시다—

515년이라는 긴 세월동안 서울 도심에 자리하여 파루(상오 4시)와 인정(하오 10시)을 타종으로 알렸던 유서깊은 보신각 종이 심한 상처로 더이상 타종이 어렵게 되었읍니다.

깨여진 보신각 종은 박물관에 보존(예정)하여 쉬게하고 대신 그 자리에 이 종과 똑같은 새 종을 만들기로 뜻을 모으고 보신각 종 중주위원회를 구성, 성금을 모금하고 있읍니다.

※ 우리 모두 새 종을 만드는 모금운동에 참여합시다.

○ 모금기간 : '84. 2. 1—12. 31.
○ 성금접수처 : 보신각 종 중주위원회
(서울신문사내, 전화 272—2777)

2. 봄철 소아마비 예방접종(무료) 실시

○ 접종대상 : 1세미만 아기, '84년도 국민학교 입학생 전원
○ 접종일시 : 제1차 접종 84. 2. 27—3. 3
제2차 접종 84. 4. 9—4. 14
제3차 접종 84. 5. 21—5. 26
추가 접종 84. 3. 26—3. 31
○ 접종장소 : 각구 보건소 및 해당 학교
※ 기타 자세한 사항은 각구 보건소로 문의

3. 부녀자 기능 훈련생 모집

○ 모집대상 : 15～24세의 서울시 거주 여성
○ 모집인원 : 미용과, 양장과 등 5개과 150명
○ 원서교부 및 접수 : 84. 2. 20—3. 17
※ 문의처 : 각구청 사회복지과 또는 802—0100, 0185, 0186

4. 시립 시범장례식장 안내

가정의례 건전화 운동의 하나로 비합리적인 상례제도 개선과 비위생적이고 비경제적이며 협소한 도시가정에서의 이웃과의 관계 등 불편을 덜어드리고자 시범장례식장을 건립, 운영하고 있으니 많은 이용있으시기 바랍니다.

○ 위치 : 경기도 파주군 광탄면 용미리 시립공원 묘지내
(전화번호 : 591—1414, 1440)

052

서울시 홍보물 - 시정 소식

Newsletter from Seoul City

1984년 | 26.0 × 19.0 | 서51099

1984년에 발행된 서울시 홍보물 시정 소식이다. 2월 1일부터 12월 31일까지 보신각종 중주위원회에서 새 종 주조를 위한 성금을 모금한다는 내용이 실려 있다.

053

보신각 새 종 중주 모금 普信閣 新鐘 重鑄 募金

Raising Funds to Cast a New Bell for Bosingak Belfry

1984년 | 서울기록원

1979년 보신각종의 균열이 발견되었으며, 서울시는 1980년 새 종을 만들기로 결정하였다. 1984년 '보신각종 중주위원회'가 만들어졌고 서울신문사 안에 '보신각종 중주사무국'이 꾸려져, 약 8억원의 시민 성금을 모금하기도 했다.

054

보신각종 수송 普信閣鐘 輸送

Hoisting a New Bell at Bosingak Belfry

1985년 | 서울기록원

1985년 7월 새로운 보신각종이 완성되었다. 새로운 보신각종은 무게 20t, 높이 3.7m, 구경 2.23m로 제작되었다. 7월 29일 중주위원회 위원장인 윤보선 전 대통령 등이 참석한 가운데 시험 타종식을 했으며, 8월 15일 새로운 보신각종을 기념하는 제막식을 거행했다.

055

보신각종 주성 계획서 普信閣鐘 鑄成 計劃書

Plan for Casting a New Bell for Bosingak Belfry

1984년 | 30.0 × 22.0 | 서기14480

한국과학기술원에서 발행한 1984년 보신각종 주성 계획서이다. 사무국에서 보낸 편지가 포함되어 있으며 계획서에는 중주 사업의 목표와 구체적인 내용, 기간, 주성 방법 등을 설명하고 있다.

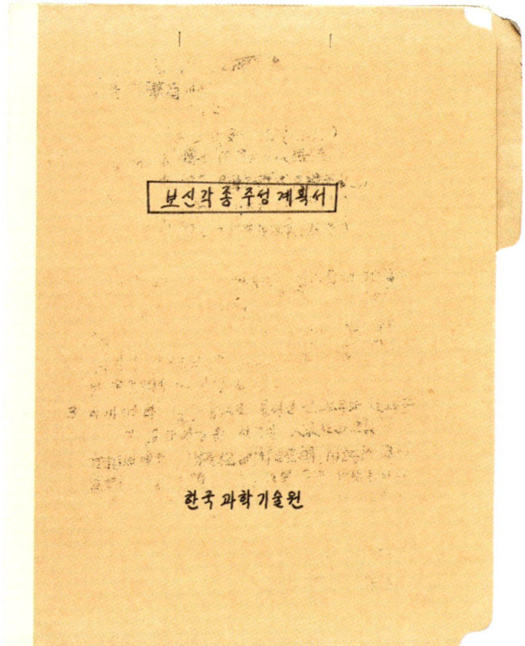

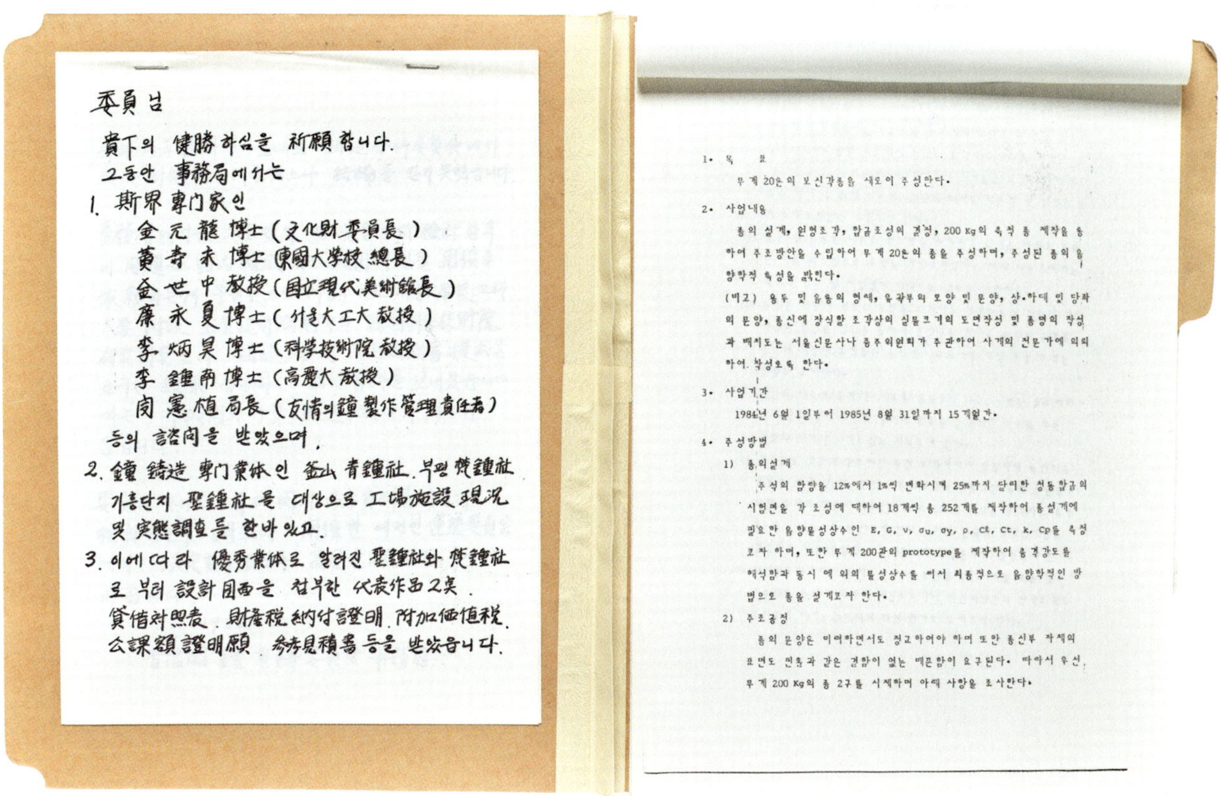

委員님

貴下의 健勝하심을 祈願합니다.

그동안 事務局에서는

1. 斯界 專门家인
   金元龍 博士 (文化財委員長)
   黃壽永 博士 (東國大學校 總長)
   金世中 教授 (國立現代美術館長)
   康永夏 博士 (서울大工大 教授)
   李炳昊 博士 (科學技術院 教授)
   李鍾南 博士 (高麗大 教授)
   閔憲植 局長 (友情의 鐘 製作管理責任者)
   등의 諮問을 받았으며,
2. 鐘 鑄造 專门業体인 釜山 靑鐘社, 부평 梵鐘社, 기흥단지 聖鐘社를 대상으로 工場施設 現況 및 實態調査를 한바 있고,
3. 이에따라 優秀業体로 알려진 聖鐘社와 梵鐘社로 부터 設計圖面을 첨부한 代表作品 2点, 貸借對照表, 財産稅 納付證明, 附加價値稅 公課額 證明願, 参考見積書 등을 받았읍니다.

1. 목 표

무게 20톤의 보신각종을 새로이 주성한다.

2. 사업내용

종의 설계, 원형조각, 합금조성의 결정, 200 Kg의 축척 종 제작을 통하여 주조방안을 수립하여 무게 20톤의 종을 주성하며, 주성된 종의 음향학적 특성을 밝힌다.

(비고) 용두 및 음통의 형태, 유곽부의 모양 및 문양, 상·하대 및 당좌의 문양, 종신에 장식할 조각상의 실물크기의 도면작성 및 종명의 작성과 배치도는 서울신문사나 종주위원회가 주관하여 사계의 전문가에 의뢰하여 작성토록 한다.

3. 사업기간

1984년 6월 1일부터 1985년 8월 31일까지 15개월간.

4. 주성방법

1) 종의설계

주석의 함량을 12%에서 1%씩 변화시켜 25%까지 달리한 청동합금의 시험편을 각 조성에 대하여 18개씩 총 252개를 제작하여 종설계에 필요한 음향물성상수인 E, G, ν, σu, σy, ρ, Cℓ, Ct, k, Cp를 측정코자 하며, 또한 무게 200관의 prototype를 제작하여 충격강도를 해석함과 동시에 위의 물성상수를 써서 최종적으로 음향학적인 방법으로 종을 설계코자 한다.

2) 주조공정

종의 문양은 미려하면서도 정교하여야 하며 또한 종신부 자체의 표면도 핀홀과 같은 결함이 없는 매끈함이 요구된다. 따라서 우선 무게 200 Kg의 종 2구를 시제하며 아래 사항을 조사한다.

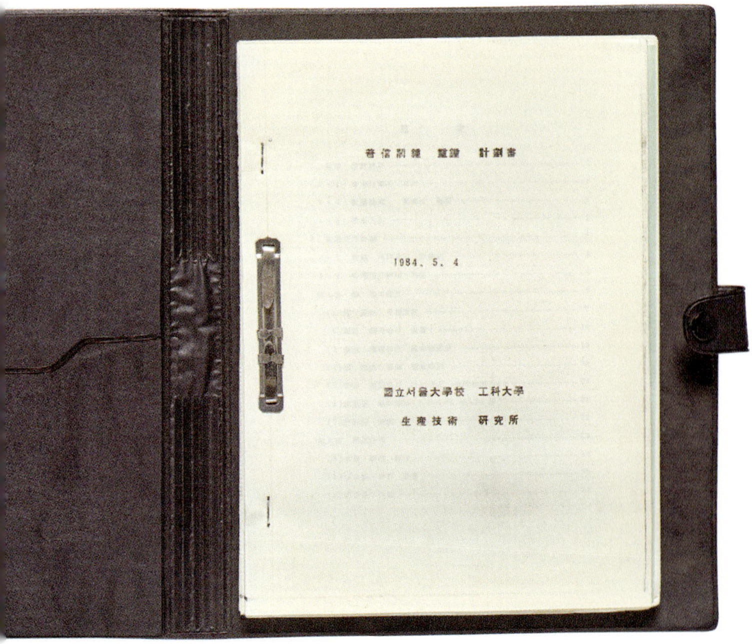

056

보신각종 중주 계획서 普信閣鐘 重鑄 計劃書

Plan for Casting a New Bell for Bosingak Belfry

1984년 | 29.0 × 23.0 | 서기14481

서울대학교 생산기술연구소에서 발간한 1984년 보신각종 중주 계획서이다. 기본적인 설계 방향과 연구진 편성, 종주작업, 운반과 타종까지의 소요 예산 등의 내용을 담고 있다.

057

보신각 새 종 외부디자인·조형

Designs for a New Bell for Bosingak Belfry

1980년대 | 33.0 × 27.0 | 서기14479

1980년대 제작된 보신각 새 종 외부 디자인·조형이다.
4개의 안으로 구성되어 있으며 새 종의 구체적인 디자인과 무늬, 상징물에 대한 설명을 담고 있다.

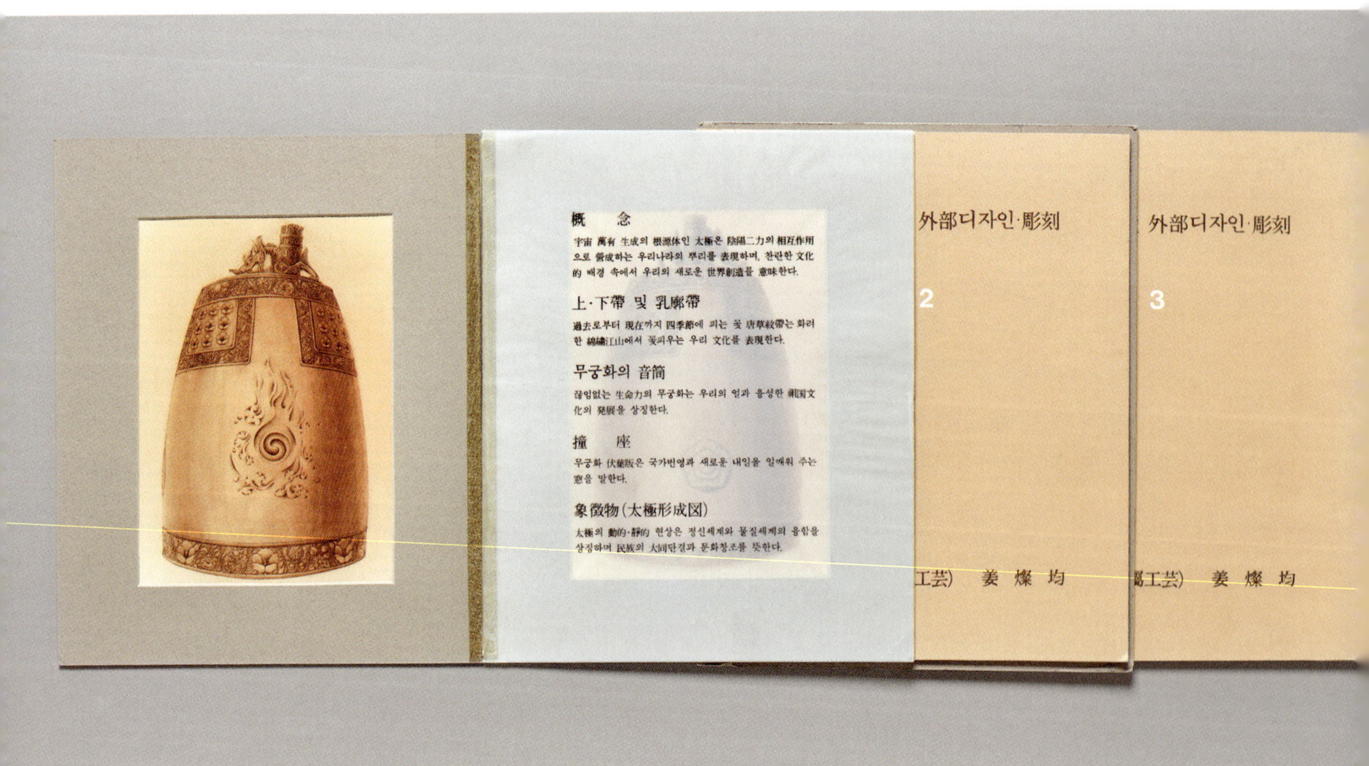

058

보신각종 중주 보고서 普信閣鐘 重鑄 報告書

Report on Casting a New Bell for Bosingak Belfry

1986년 | 29.5 × 19.5 | 서기14482

1986년 보신각종 중주위원회에서 발행한 보신각종 중주 보고서이다. 중주 모금부터 운영위원회 자문, 새 종 디자인 작업까지 중주사업의 전반적인 과정과 결과에 대한 내용을 담고 있다.

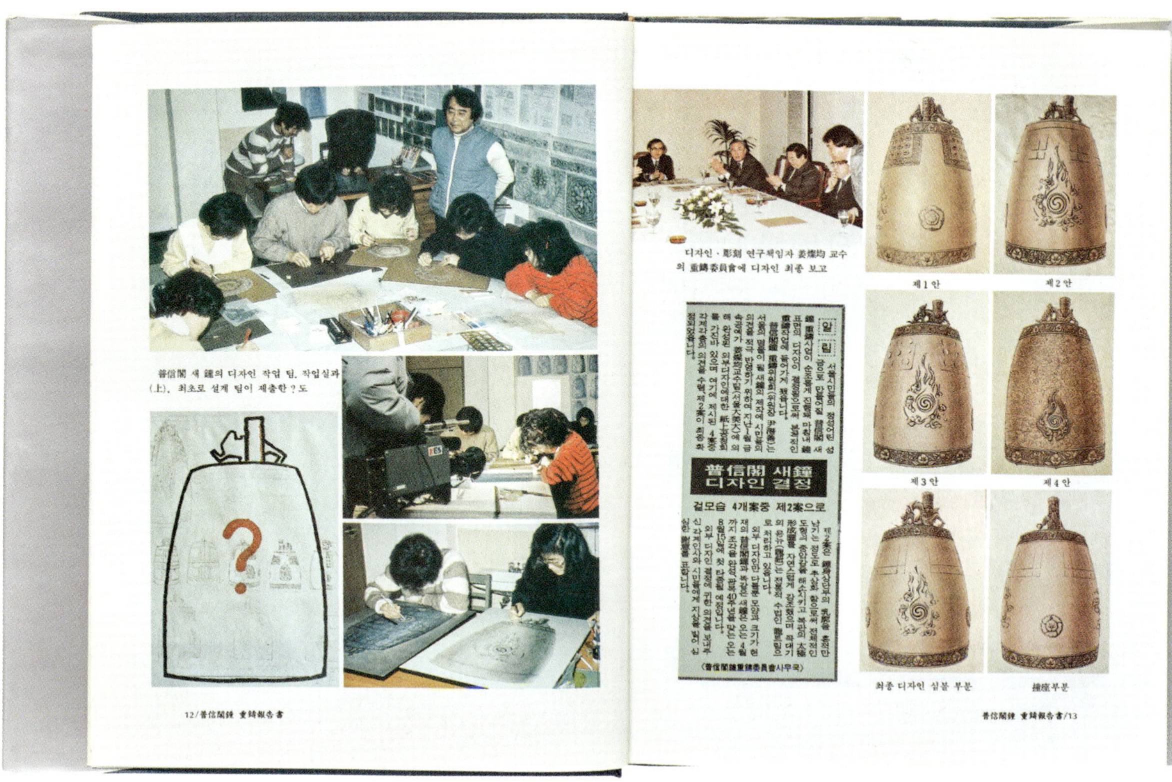

059

보신각종 축소 모형 普信閣鐘 縮小 模型

Miniature of the Bosingak Bell

1988년 | 전체 높이 48.0 | 서기11146

새 보신각종을 만든 기념으로 1988년에 제작한 한정판 모형이다. 보신각종을 1/12 크기로 축소한 형태이다. 3,300개 한정 수량으로 제작했으며, 이 모형의 에디션 넘버는 741이다.

060

한국의 범종 韓國梵鐘

Buddhist Temple Bells of Korea

1965년 | 서울우리소리박물관

한국문화재연구회K.C.T.I에서 제작한 한국의 범종 자료이다. 보신각종을 포함하여 신라, 고려, 조선시대 범종의 사진과 종소리를 담고 있으며 해설서와 영문해설서, 5장의 LP, 목제 상자로 구성되어 있다. LP2 Side 3에 보신각종 소리가 수록되어 있다.

061

음반 〈다시 불러보는 흘러간 노래 제1집〉

Record by Jeong Won

노래:정원 | 1966년 | 30.5 × 30.5 | 서37939

1966년 킹레코드에서 발매한 노래 모음집이다. 수록곡 중 하나인 현인玄仁(1919~2022)의 서울야곡夜曲에 보신각 골목길이라는 가사가 등장한다.

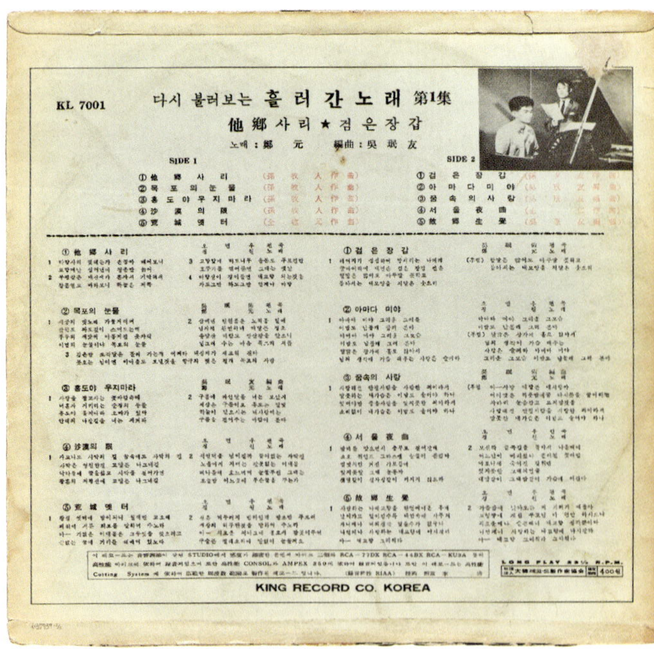

<서울야곡>

밤비를 맞으면서 충무로 걸어갈 때
쇼오 위인드 그라스엔 눈물이 흘렀다
별빛처럼 켜진 가로등에
잊지못할 그대 눈동자
샛별같이 십자성같이 꺼지지 않드라

보신각 골목길을 돌아서 나올때에
어느님이 버리셨나 흩어진 꽃다발
마로니에 욱어진 길 위엔
잊지못할 그대의 얼굴
내맘같이 그대맘같이 가슴에 어린다

062

음반 〈여자의 마음/예전에는〉

Record by Yun Sinae

노래:윤시내 | 1984년 | 31.0×31.0 | 서37502

1984년 지구 레코드에서 발행한 앨범으로 SIDE 1, 2에 총 14곡이 수록되어 있다. SIDE 2의 6번곡인 보신각에 '보신각 종소리 울려 퍼지는' 이라는 가사가 등장한다.

<보신각>

더욱 더 큰소리로 울려 퍼져라
백두산에서 한라산까지
꿈꾸는 연인들의 이야기처럼
끝없이 울려라 울려 퍼져라
보신각 종소리 울려 퍼지는
우리 서울은 사랑의 서울
내사랑 그대와 함께
영원히 살고 싶은 곳
그리운 마음도 울려 퍼져라
그리운 마음도 울려 퍼져라
영원히 살고 싶은 곳

063
야간에 가로등이 켜진 종로
Jongno with Lit Streetlights
대한제국 | 한국풍속인물사적명승 | 국립중앙도서관

《한국풍속인물사적명승》 사진첩에 실린 종로의 모습이다. 야간에 가로등이 켜진 종로 거리를 담고 있으며 오른편에 보신각의 모습이 드러나 있다.

Epilogue

During the Joseon Dynasty, the people of Hanyang began and ended their days to the regular sound of the bell from the Bosingak Belfry, which echoed within the city walls. Despite a dust-to-dawn curfew aimed at preserving public order, the city's nights remained vibrant and noisy, bustling with those who defied the rules.

Since the end of centralized time control, have our lives gained a measure of freedom? Today, we struggle to wake up to the sound of alarm clocks to begin our day, rushing through busy days of school, work, or other engagements, minute by minute, second by second—integral parts of our daily lives.

The sound of the Bosingak bell, marking each morning and evening, was part of the everyday lives of Hanyang's inhabitants. Now, we gather to make wishes as the bell rings 33 times on New Year's Eve, bidding farewell to the old year and ushering in the new. The echoes of the bell endure, resonating with even deeper significance.

에필로그

우리는 옛사람들과 다른 삶을 살아가고 있을까요? 분명히 많은 것이 바뀌었지만, 여전히 끊임없이 변화하는 시간과 공간 속에서 살아가고 있다는 것은 분명합니다.

조선시대 한양 사람들은 도성에 일정한 시간에 울려 퍼지는 보신각 종소리를 들으며, 하루를 시작하고 마무리하였습니다. 나라에서는 치안유지를 위해 밤 시간 활동을 통제하는 야간통행금지를 시행하였지만, 금기를 깨는 자들로 한양의 밤은 소란스러웠습니다.

국가로부터 시간의 억압을 받지 않는 우리의 삶은 조금 더 자유로워졌을까요? 기상 알람 소리에 힘겹게 일어나 하루를 시작하고, 분과 초 단위로 학교나 직장 등 각자의 활동 영역을 누비며 분주한 일상을 보내는 것이 우리의 평범한 일상입니다.

아침과 저녁으로 매일 울리던 보신각 종소리는 한양 사람들의 평범한 일상 중의 하나였습니다. 이제 우리는 한 해를 보내고 새해를 맞이하며 33번 울리는 보신각 종소리를 들으며 소망을 담습니다. 종소리의 울림은 사라진 것이 아니라, 더욱 깊은 의미를 담아 여전히 이어지고 있습니다.

논고

Articles

조선시대 시간 측정과 독창적 시계 제작 발명

윤용현 | 국립중앙과학관

조선후기 야금제夜禁制의 운영과 범야인犯夜人

유승희 | 연세대학교 법학연구원 연구교수

조선시대 시간 측정과 독창적 시계 제작 발명

윤 용 현 국립중앙과학관

Ⅰ. 조선 왕조의 관상수시

우리나라는 농경 국가로서 비와 바람 등 천기의 변화가 지대한 관심사 중의 하나여서 천문 관측으로 농사에 필요한 시時와 때(날짜)를 알려주는 일은 매우 중요한 일이었다.

우리나라에서 시와 때를 알려주는 일은 국가적 차원에서 고대부터 시행되었다.

『삼국사기』에 의하면 고구려는 천문 관측을 전문으로 하는 '일자日者'라는 직제가 있었고, 백제에서는 '일관日官'이 있어 해·달·별에 대한 관측과 기록을 담당하였다. 신라는 누각전漏刻典과 누각박사漏刻博士가 있어 누각漏閣을 설치하여 시간을 측정하고 시보를 담당하였음을 알 수 있다. 고려시대에는 천문, 달력, 측후測候, 물시계 등의 일을 관장하는 관청인 태사국太史局을 두어 시간을 체계적으로 측정하고 관리하였다. 이러한 천문학적 관념은 조선 왕조로 이어져서 하늘의 움직임과 이치를 살펴 절기, 날짜, 시간을 백성에게 알려주는 관상수시觀象授時는 국왕이 실천해야 하는 가장 중요한 덕목 가운데 하나였다.

인간은 밤과 낮, 달 모양의 변화, 계절의 주기 등 3가지 천문현상이 주는 시간의 원리를 이용하여 시계를 만들어 하루의 시간을 구분하고, 시간을 측정하여 계절을 알게 되었다. 시계를 통해 시간을 알기 시작한 뒤에는 다양한 천문현상이 일어나는 시각을 예측하고 이를 새로운 지식으로 수용하였다. 대표적인 것이 해 뜨는 일출과 지는 일몰 시각인데, 일출과 일몰 시각을 예측함으로써 해질 무렵인 저녁에는 해시계에서 물시계로, 해뜰 무렵인 아침에는 해시계로 바꾸어 사용하면서 온전한 하루의 시간을 연속적으로 나타낼 수 있었다.

그러나 물시계만으로는 밤 시간을 알아낼 수 없는 경우가 발생하였다. 바로 추운 겨울에는 물이 얼어 물시계가 작동이 제대로 안 되는 상황이 발생하곤 하였다. 이러한 이유로 당시 사람들은 밤하늘의 별자리에 관심을 갖고 연구하기 시작하였다. 별자리로 얻을 수 있는 시간은 하루의 시간뿐만 아니라 한 해의 시간, 즉 계절의 시간을 포함하는데 이것은 지구가 태양 주위를 공전하기 때문에 발생한 현상이다. 계절의 시간, 1년 한 해의 낮과 밤 시간을 측정할 수 있는 시계로 조선 세종 때 만든 일성정시의日星定時儀를 들 수 있다.

조선시대에는 이렇게 해시계, 물시계, 별시계로 하루의 시간을 연속적으로 사용함으로써, 시계가 알려주는 시각에 맞추어 다양한 사회활동을 통제할 수 있었다. 한양 도성문인 사대문의 열고 닫음과 야간

통행 금지를 효율적으로 시행할 수 있었으며, 나아가 조선시대 관청이 만드는 모든 행위, 즉 각 관서 관원들의 출퇴근, 궁성 내외 순찰 등과 시전인 육의전六矣廛의 개폐 등이 시각을 정해 이루어졌고, 시계를 통해 필요한 시간에 맞게 진행할 수 있었다(남문현, 1995; 국립중앙과학관 2013).

조선시대에는 낮과 밤의 시각 체계가 달랐다. 조선은 하루를 십이지十二支를 사용하여 12로 등분하여 12시를 알려주는 정시법定時法을 사용하였다. 그러나 밤시간은 해가 진 무렵부터 다음날 해뜨는 시점까지를 밤으로 여기고 그 길이를 5등분하여 5경更을 만들고 경마다 다시 5등분한 점點을 만들어 사용하였다. 이를 경점법更點法이라고 하는데 밤 시간을 25등분 한 시각 체계는 계절마다 변하는 부정시법不定時法으로 조선 전기 세종대에는 이러한 밤 시간을 알려주는 지침서인『누주통의漏籌通義』를 간행하여 활용하였다.

II. 조선시대 독창적 시계 발명

조선 왕조에서 관상수시를 구현하기 위해 세종 대에 발명한 것으로 1434년 설치된 자동물시계로 국가 표준시계 역할을 한 보루각報漏閣 자격루自擊漏와, 같은 해에 종묘 앞과 혜정교에 설치하여 공중시계 역할을 하였던 앙부일구仰釜日晷를 들 수 있다. 앙부일구는 낮 오시午時에 자격루의 시간 보정 기능과 대중시계로서 백성들이 글자를 알지 못해도 시간을 알 수 있도록 십이지신十二支神의 모습을 그려놓았다. 말하자면 시간을 조선의 백성과 공유한 것이다.

또한 일성정시의는 한양을 기준으로 자격루를 교정할 오정 시각을 정확히 구하는 국가 표준시계 역할과 함길도·평안도 등의 군진軍陣에서 시간 측정에 정확성을 기하는 기능을 하였다. 더불어 해시계와 별시계의 기능을 하나로 고안하여 낮과 밤의 시간을 측정할 수 있도록 만든 우리나라만의 독창적인 천문관측 의기儀器로서 세종 19년(1437년)에 최초로 만들어졌다.

조선 1437년(세종 19)에 휴대용 해시계도 만들어졌는데 현주일구懸珠日晷, 천평일구天平日晷를 들 수 있다. 특히 현주일구는 크기가 6촌 3분으로 어른 손바닥만한 휴대용 해시계이며, 왕이나 왕비가 거동할 때 서운관원이 휴대하고 배종陪從하면서 시간을 알려주는 데 사용하였을 것으로 보인다. 또한 함길도·평안도 도절제사 영領에 나누어 주어서 군사용으로도 사용되었다. 이러한 휴대용 해시계의 전통은 조선 후기까지 이어져 휴대용 앙부일구로 발전되는데, 19세기 후반에 강윤姜潤과 강건姜健 형제가 상아象牙 등으로 만든 매우 정교한 휴대용 앙부일구를 들 수 있다. 이 시계는 부착된 나침반을 사용하여 남북을 정확하게 맞춘 다음 현재의 시간을 측정하였다.

자격루는 일정하게 물을 공급하여 물의 양이나 유속 등을 조절하는 '물시계 장치'와 시간을 자동으로 알리는 '시보 장치', 이 둘을 연결하는 동력전달장치인 '주전籌箭 장치'로 구성되는데, 사용에 있어서 몇 가지 불편한 점이 있었다. 불편한 점은 물시계 장치인 파수호에 매일 물일 길어다 부어야 하는 점, 매일 주전장치와 시보장치에 74개의 구슬을 장착시켜야 하는 점, 혹독한 겨울에 물이 얼기 때문에 작동이 제대로 안 되는 점을 들 수 있다. 이러한 불편함을 개선하기 위해 발명된 것이 송이영의 혼천시계渾天時計이다.

이 혼천시계는 1669년에 천문학자 송이영이 만든 천문시계로, 서양식 자명종自鳴鐘의 원리와 동양에서 오랫동안 사용해온 혼천의渾天儀를 결합해 만든 것으로 천체 운행과 시간을 알려주는 기계식機械式 시계時計이다. 혼천시계의 시간 지속 장치에는 서양의 과학자인 C. 하위헌스(Christiaan Huygens)가 1657년 세계 최초로 개발한 진자시계를 응용한 시스템이 들어 있다(이용삼, 김상혁, 2007). 서양의 자명종

시계와 혼천의를 결합한 것은 세계 시계 기술사에서도 그 유래를 찾아볼 수 없는 획기적인 일이다. 이러한 이유로 영국의 과학사학자 조지프 니덤(Joseph Needham)은 "송이영의 혼천시계를 일컬어 세계 유수의 과학박물관들이 반드시 송이영의 혼천시계를 복제하여 전시해야 할 인류의 위대한 과학문화재"라고 평가하였다(J. Needham, et al., 1986; 이용삼, 김상혁, 2007).

조선 후기에도 이러한 기계식시계 제작의 전통이 이어져 1762년 홍대용은 천체의 운행을 통해 날짜와 시각을 알려주는 혼천의에 추를 동력원으로 삼는 자명종을 연결한 '혼천시계'를 제작했다. 이 시계는 송이영의 혼천시계를 한 단계 발전시킨 것으로, 송이영의 혼천시계가 태양 모형에 실을 감아서 일 년간 태양의 연주운동을 구현했다면, 홍대용의 혼천시계는 톱니바퀴를 활용하여 태양과 달 모형을 구동시켰다. 회전력과 기어장치만으로 태양과 달 모형을 실제 천체의 움직임에 맞게 자동운행시킨 것이다(민병희, 윤용현 등, 2020; 2021).

이렇듯이 송이영과 홍대용의 기계식 혼천시계는 동양과 서양의 문화가 융합된 발명품이라는 점에서 우리 선조들의 창의성을 엿볼 수 있다. 중국과 일본이 우리보다 먼저 자명종을 받아들였으나 기존의 혼천의를 접목해 개량하려고 시도한 것은 한국이 유일하였다.

III. 조선시대 시간 측정기기

위에서 살펴본 바와 같이 조선시대에 제작·발명된 시계는 크게 4가지로 구분하여 살펴볼 수 있는데, 해시계·물시계·별시계·혼천시계로 구분할 수 있다.

조선시대 주요 시간 측정기기

구분	천문의기		구분	제작연대	비고
해시계	규표 圭表		천문시계 天文時計	1435년	제작
	앙부일구 仰釜日晷			1434년	발명
	정남일구 定南日晷			1437년	
	현주일구 懸珠日晷			1437년	
	천평일구 天平日晷			1437년	
	일성정시의 日星定時儀			1437년	
	신법지평일구 新法地平日晷			1636년	제작
물시계	보루각자격루 報漏閣自擊漏		자동물시계 [自動水時計]	1434년	발명
	흠경각옥루 欽敬閣玉漏			1438년	
별시계	간의 簡儀		천문시계 天文時計	1433년	제작
	소간의 小簡儀			1434년	발명
	일성정시의 日星定時儀			1437년	발명, 주야측후기 晝夜測候器
혼천시계	수격식	이민철 혼천시계	기계식시계 機械式時計	1669년	발명
	추동식	송이영 혼천시계		1669년	
		홍대용 혼천시계		1762년	

1. 해시계

1) 우리나라 최초의 공중公衆 해시계인 앙부일구仰釜日晷

앙부일구는 가마솥 모양의 반구형 해시계로 시반, 지평면, 영침, 받침대로 구성된다. 1434년(세종 16)에 과학자인 장영실과 이천, 김조 등에 명하여 처음 만들었으며, 그해 10월에 종묘 앞과 혜정교惠政橋에 각기 1대씩 설치했다. 그 후 조선시대 말까지 다양한 형태로 제작되어 궁궐과 관공서, 사대부 가옥에 이르기까지 널리 보급되었다.

[도1] (좌)앙부일구의 구조, (우)세부 명칭 | 국립고궁박물관 ※명칭 일부 수정

앙부일구는 오목한 구형 안쪽에 설치된 영침影針[시침]에 해그림자가 생겼을 때 그 그림자의 위치로 시각을 측정하는데, 영침의 끝은 구의 중심이 되며 그 축을 북극에 일치시켰다. 영침 둘레에는 시각을 가리키는 시각선이 세로로 새겨져 있으며 그 시각이 십이지로 표시되었다. 특히 세종은 글을 모르는 백성을 위하여 시각마다 쥐, 소, 호랑이 등 12지의 동물 인형을 그려 넣었다. 백성들에게 시간의 중요성을 알게 해준 애민 정신이 담긴 과학 기기임을 알 수 있다. 오목한 해시계 내면의 영침 그림자가 시각선을 따라 움직이게 되는데 그 그림자는 왼쪽에서 시작하여 오른쪽으로 움직인다. 이를 시계 방향[clockwise]이라 하여 오늘날 시계 바늘이 오른쪽으로 움직이는 이치가 바로 여기 있는 것이다.

또한 절기도 알 수 있도록 시각선과 직각으로 13개의 절기선을 새겼는데, 이 절기선 양쪽 가장자리 윗면인 지평면에 24절기가 표시되었다. 절기선 가장 바깥 선에는 계절의 변화에 따라 영침의 그림자가 가장 길게 되는 선에 동지冬至란 표시가 있고, 그림자가 가장 짧게 되는 안쪽 선에 하지夏至라 쓰여 있다. 그 사이에 소한, 대한, 입춘으로 이어지는 절기를 좌우 대비로 표현한 것이다. 이렇듯 앙부일구는 영침의 해그림자를 통하여 시간과 절기를 동시에 알 수 있게 설계되었는데, 오늘날의 만능 시계와 같은 역할을 하였던 것이다.

당시 천문학자들은 앙부일구 시각의 정확도를 높이기 위해 서울을 기준으로 하는 정북극의 위치를 정확히 계산해 내었고, 이를 기준으로 앙부일구 내부의 눈금선을 정확히 새길 수 있었다. 앙부일구 윗면에 한양북극고도漢陽北極高度 또는 북극출지北極出地라 하여 그곳의 위도에 해당하는 각도(37도 39분 15초 등)를 써넣었는데, 이렇게 설치된 곳의 위도와 수평면을 정확히 맞추어 설치함으로써 시각의 정확도를 높일 수 있었다(윤용현, 2012).

해시계는 세계의 고대 문명사회에서 다양하게 만들어져 왔다. 그렇지만 해의 그림자 길이는 시간에 따라 달라지기 때문에 시계의 숫자판이 불규칙하고 시간 사이의 간격도 일정하지 않다. 앙부일구는 숫자판을

[도2] 앙부일구 | 국립고궁박물관(창덕12943)

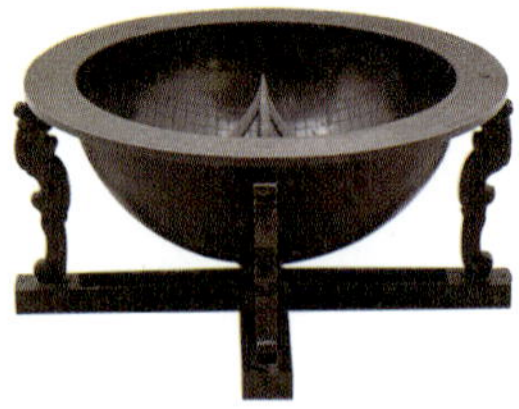

[도3] 앙부일구 | 국립고궁박물관(창덕12944)

[도4-1] 앙부일구 명문 부분 | 국립고궁박물관

[도4-2] 앙부일구 절기 부분 | 국립고궁박물관

[도4-3] 북극고도 37도 39분 15초 | 국립고궁박물관

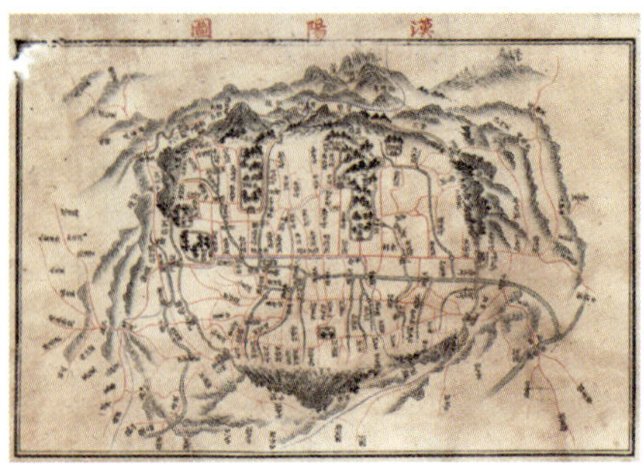

[도5] 〈한양도〉 중 앙부일구가 설치된 종묘 앞과 혜정교 | 서울역사박물관(서8228)

오목하게 만들어 이같은 불편함을 개선한 것으로, 우리 고유의 발명품이자 독창적인 과학 문화재로 가치가 큰 유물이다.

2) 휴대용 해시계인 현주일구

현주일구懸珠日晷는 1437년(세종 19)에 창제한 휴대용 해시계 가운데 하나이다.[1]
이 기기는 남북을 잇는 가는 줄을 지구의 자전축 방향과 일치하도록 추를 달아 팽팽하게 당기도록 설치하여 이 줄의 그림자를 둥근 시반時盤에 나타나게 하여 그 가리키는 눈금을 보고 하루의 시간을 측정하는 것이다. 그 구조는 시반, 용주, 지지기둥, 남북을 잇는 가는 줄, 받침대, 추 등으로 이루어져 있다.
현주일구의 측정 방법은, 먼저 시반면을 하늘의 적도면과 평행하게 놓는다. 그리고 남북을 잇는 가는 줄인 실은 시반면과 직각을 이루며 그 중앙을 지나도록 설치하는데, 이것은 곧 지구의 자전축과 평행을 이루게 되는 것이다.

1
또 다른 휴대용 해시계인 천평일구는 『세종실록』 1437년(세종 19)에 창제와 사용에 대해 다음과 같이 기록하고 있다. "말을 타고 가면서도 시각을 알지 않을 수 없으므로 천평일구를 만드니, 그 제도는 현주일구와 대개는 같으나, 오직 남쪽과 북쪽에 못을 파고 중심에 기둥을 세워 노끈을 기둥 머리에 꿰고, 들어서 남쪽을 가리키는 것이 다르다."

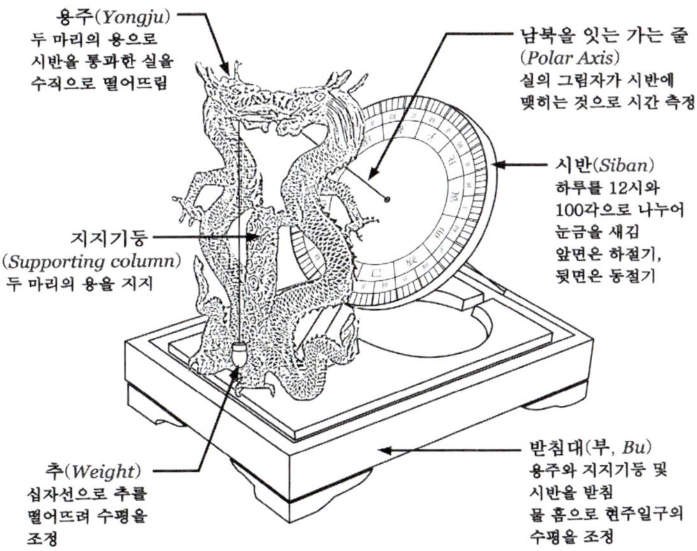

[도6] 현주일구 구조와 명칭 | 국립중앙과학관(2003)

[도7] 현주일구

[도8] 천평일구

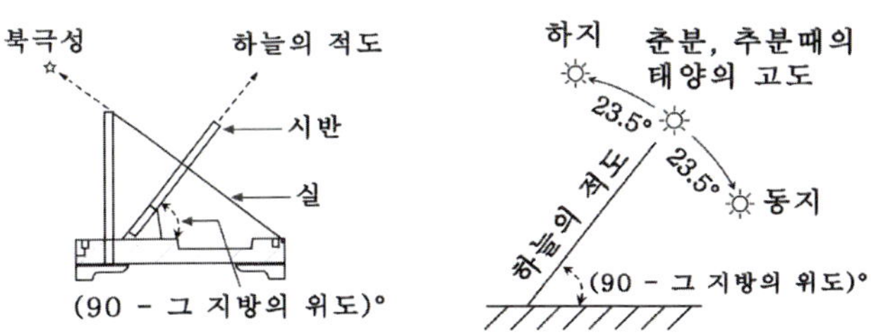

[도9] 현주일구 측정방법

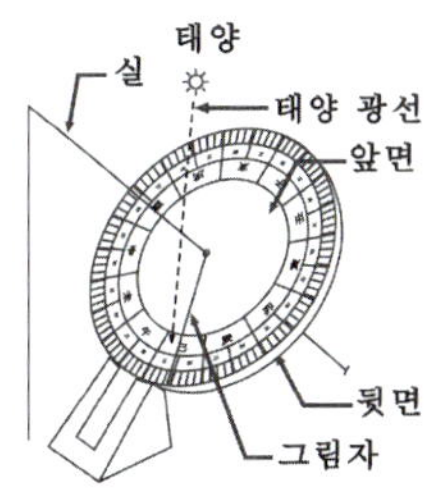

[도10] 현주일구 시간 측정 원리

현주일구를 측정하기 위해서는 지구의 적도면을 하늘로 확장시킨 면인 '하늘의 적도면'을 이해해야 한다. 그것은 남과 북, 천정을 있는 자오선이 닿는 남쪽 지평선으로부터(90-그 지방의 위도)°의 고도를 갖는다. 태양의 고도 또한 이해해야 하는데, 태양은 춘분과 추분 때 하늘의 적도를 따라 움직인다. 춘분을 지나면서 태양의 고도는 점점 높아지고 하지 때는 춘·추분 때보다 23.5°가 높게 되어 1년 중 가장 높은 고도에 이른다. 하지가 지나면 태양 고도는 점점 낮아지고 동지 때에는 하늘의 적도보다 23.5° 낮게 되어 가장 낮은 고도가 된다(국립중앙과학관, 2003). 현주일구의 시간 측정 원리는 실의 그림자가 시반면에 맺히게 되면 시반면에 새겨진 눈금을 읽어서 측정하는 것이다. 하절기에는 앞면에 그림자가 맺히어 앞면의 눈금을 이용하여 시간을 측정하고, 동절기에는 뒷면에 그림자가 맺히게 되어 뒷면으로 시간을 측정한다.

3) 정남일구

정남일구定南日晷는 나침반을 사용하지 않고 남쪽을 맞추는 해시계로 1437년(세종 19)에 창제한 해시계 중 하나이다. 정남일구는 혼천의의 구조와 앙부일구 계절선의 특징을 조화시켜 놓았는데, 이 기기는 규형 끝에 나있는 구멍을 태양 고도에 맞추어 햇빛을 시반의 백각환 눈금과 절기선에 떨어지도록 하여 시간과 절기를 알 수 있다. 그 구조는 지평환, 시반[반환], 사유환, 직거, 규형, 받침대, 남·북 용주, 추 등으로 이루어져 있다. 조지프 니덤이 정남일구를 복원·연구하여 모델을 제시한 바 있다(J. Needham, et al., 1986).

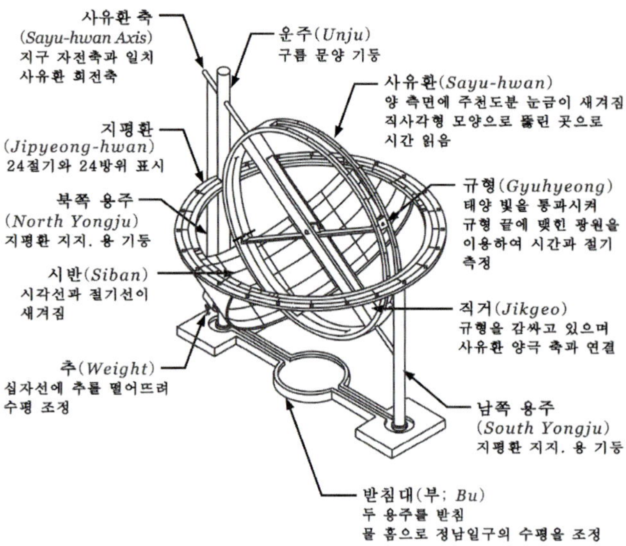

[도11] 정남일구 구조와 명칭 | 국립중앙과학관(2003)
* 모델은 J. Needham, et al., 1986

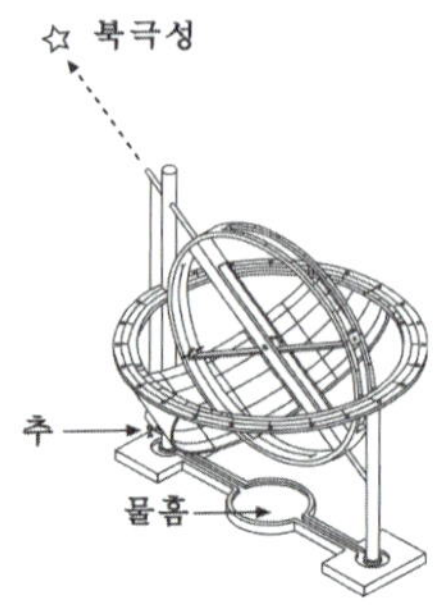

[도12] 정남일구 측정방법

[도13] 정남일구 | 국립민속박물관

이 정남일구의 측정방법을 살펴보자 !

■ 극축 및 수평조정

사유환 축을 북극축과 일치시켜 놓은 뒤 사유환 축 위에 매달린 추를 받침대 윗면에 새겨진 십자선으로 떨어뜨려 수평을 맞춘다. 또한 받침대의 물 홈에 물을 채워 기기의 수평을 맞춘다.

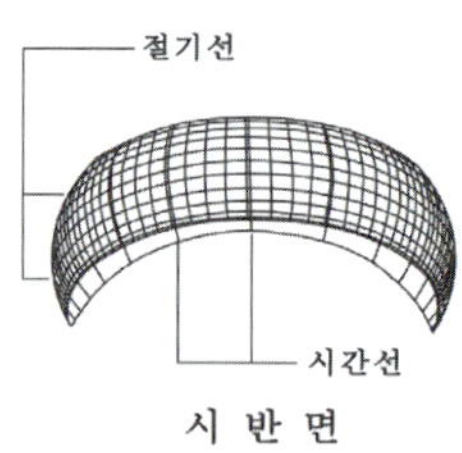

[도14] 정남일구 시간선과 절기선

■ 시간선과 절기선

시간선으로 시반면에는 12시와 100각 시간선이 그어져 있다. 당시는 1일을 12등분하여 12시, 한 시는 다시 초와 정으로 2등분하여 나타내는데, 초와 정은 각각 4와 1/6각으로, 매 시는 8과 1/3각이 된다. 그러므로 1일은 $(8+1/3)\times 12=100$이므로, 모두 100각[1일日=12시時=100각刻]으로 이루어졌다.

절기선으로 시반면에는 시간선과 수직으로 13개의 절기선이 그어져 있다. 앙부일구처럼 맨 아랫선은 태양 고도가 높은 하지 때 태양의 운행을 나타낸 하지선이고 맨 윗선은 태양 고도가 낮은 동지 때 태양의 운행을 나타낸 동지선이다.

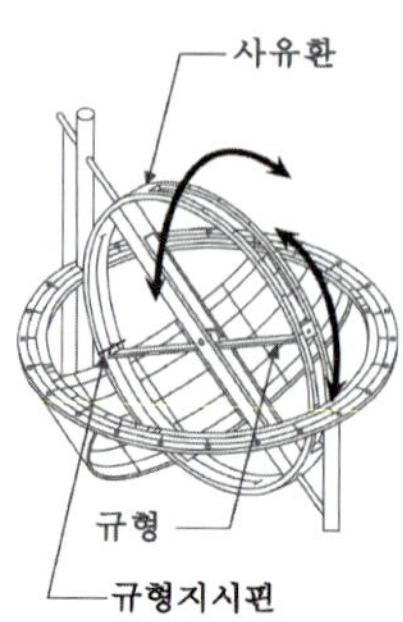

[도15] 정남일구 시간과 절기측정

■ 시간과 절기측정

시간 측정은 먼저 사유환과 규형을 자유롭게 움직여서 태양을 찾는다. 규형 양 끝에는 직사각형 모양으로 세워진 막대가 있고 그 중심에는 동그랗게 뚫린 구멍이 있는데, 이 구멍으로 광원을 통과시켜 맞은편에 있는 동그란 구멍과 일치시키면 광원을 정확히 맞출 수 있다. 이때 규형을 아래로 내려 사유환 아래에 뚫린 직사각형 안의 눈금을 읽으면 된다.

절기 측정은 시간 측정 방법과 동일하게 태양 광원을 일치시킨 다음 규형 지시핀이 가리키는 선이 그날의 절기가 된다(국립중앙과학관, 2003).

2. 물시계

1) 제어시스템의 극치이자 아날로그 · 디지털 변환기 보루각 자격루報漏閣自擊漏

자격루는 물의 흐름을 이용하여 시간을 계측하고 시보장치로 시각을 알리는 자동물시계로 1434년(세종 16) 6월에 장영실, 김빈 등이 창제한 보루각루報漏閣漏에서 유래하며 국가의 표준계시기로 사용되었다. 그러나 이 자격루는 임진왜란 때 소실되어 전하지 않는다. 최근까지 덕수궁에 소장되었던 것은 1536년(중종 31)에 새롭게 만든 창경궁 자격루로 19세기 말까지 사용되었다. 일제강점기에 창경궁 양화당 옆 화원에 전시하다가 1938년 이왕가 미술관을 개관하면서 덕수궁에 이전 설치되어 야외에서 전시되다가 2020년 보존처리를 거쳐 현재는 국립고궁박물관에 전시되고 있다.

[도16] 창경궁 보루각 자격루 누기
(좌: 일제강점기 촬영, 우: 덕수궁 전시 당시 촬영) | 국가유산청

[도17] 창경궁 자격루 누기와 인사동 출토 주전 전시 모습
국립고궁박물관

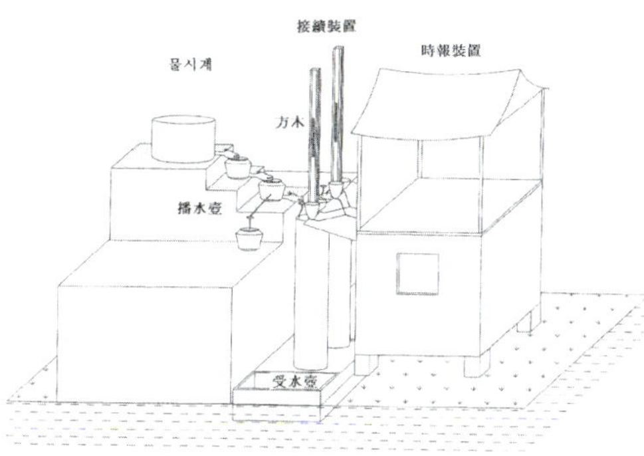

[도18] 복원 자격루 구성도(개념도 : 남문현교수)

[도19] 복원 자격루 전시 모습(2023년 이전) | 국립고궁박물관

『세종실록』 속의 자격루는 물을 담아 흘려내는 그릇인 파수호播水壺 4개, 물 받는 그릇인 수수호受水壺 2개, 부전浮箭[잣대], 동력전달장치와 시보장치로 이루어져 있다.
자격루의 작동원리는 파수호에서 흘러내린 물이 수수호로 들어가 잣대[浮箭]가 떠오르면 부력浮力이 지렛대와 쇠구슬에 전해지고, 시각마다 쇠구슬이 굴러 내리면서 자격장치로 들어가게 된다. 다시 말해 물이 수수호에 차고 잣대인 거북이가 떠올라 일정 높이에 도달하여 미리 장치해 놓은 구슬 방출기구를 건드리면 쇠구슬이 굴러 내리고, 시보 장치로 흘러 들어간 쇠구슬로 인한 동력이 내부장치를 거치면서 나무로 된 인형 3구가 종과 북·징을 쳐서 시보장치를 움직여 자동으로 시각을 알려주도록 구성되어 있다. 그 아래에는 12신을 배치하여 1시부터 12시의 시각을 시각적視覺的으로 알리도록 하였다.
자격루의 구성을 보면, 일정하게 유량을 공급하는 유량제어기구, 증가하는 수위를 시각신호로 변환하는 살대-구슬방출기구, 작은 구슬을 이용하여 시보장치를 작동시킬 에너지를 발생하는 큰 구슬 방출기구, 12시를 청각과 십이지신의 교대로 시각적으로 알려주는 시時 기구, 오경점五更點[밤시간]을 북과 징으로 청각으로 시보하는 경점更點 기구 등 복합시스템으로 구성되어 있다(남문현, 2002).
자격루 작동의 원동력은 부력과 운동에너지이다. 부력에 의해 떠오른 잣대로 얻은 에너지를 쇠구슬의 낙하에 의한 운동에너지로 바꾸어 시보장치를 작동시킬 추진력을 얻는 것이다. 이와 같은 방식으로 연속적인 물의 흐름인 아날로그 신호를 정해진 시간 간격에 따라 불연속 신호인 디지털 신호로 바꾸어 나타낸다. 현대적으로 말하자면 물시계는 위치 제어시스템, 잣대와 구슬방출기구는 아날로그·디지털 변환기, 큰 구슬 방출기구는 순서 제어식 동력증폭기, 시時 기구는 시각 및 청각 시보장치로 모델링 할 수 있다(남문현, 2002).
자격루는 세종의 인본사상과 과학정신이 배어있는 창조물로 우리나라는 물론 15세기 동아시아의 대표적인 하이테크기술로서 한국인의 과학창조성과 우수성을 상징하는 발명품이다.

■ 중종 자격루 주전 복원

2021년에 서울 인사동 공평구역에서 출토된 주전유물인 동판과 구슬방출기구를, 필자가 중심이 되어 문헌, 동반 출토 유물, 보루각 자격루와 흠경각 옥루 구조와의 비교연구를 통해 1536년 '중종 보루각 자격루의 주전籌箭'으로 제시하였다(윤용현 등 2022b).
동력전달장치인 자격루의 주전시스템은 수수호 속의 부전과 잣대, 수수호 위에 설치된 방목 그리고 시보장치로 동력이 전달되는 통로 역할을 하는 함陷과 광판廣板으로 구성된다. 특히 방목 속에는 12시용과 경점용 주전인 동판과 구슬방출기구가 결합되어 좌우에 설치되며, 수수호 속 주전죽籌箭竹인 잣대와 함께 주전시스템의 핵심 기능을 하고 있다. 2005년 복원된 자격루가 국립중앙과학관으로 이관됨에 따라 서울 인사동에서 발굴된 조선 전기 자동물시계의 주전에 대한 연구 결과와 복원 설계한 주전 장치(윤용현, 김상혁 등, 2021; 윤용현·김상혁 등, 2022a ; 2022b)를 반영하여 중종 보루각 자격루를 재설계(윤용현 등, 2022) 한 뒤 국립중앙과학관 한국과학기술사관에서 보루각 자격루의 재복원 작업이 2022년 10월 기초석 설치를 시작으로 2024년 5월 작동 실험까지 단계적으로 이루어지고 있다.

2) 임금님의 천문시계 - 흠경각 옥루欽敬閣 玉漏

흠경각 옥루는 수차를 동력으로 하여 시간과 계절을 알려주는 천문시계이자 자동물시계로, 장영실이 세종을 위해 1438년에 만들어 경복궁 천추전千秋殿 서쪽에 흠경각欽敬閣을 지어 그곳에 설치하였다.
일반적으로 보루각 자격루는 궁궐과 한성의 국가표준시계였고, 흠경각 옥루는 농업을 중시하는 정치

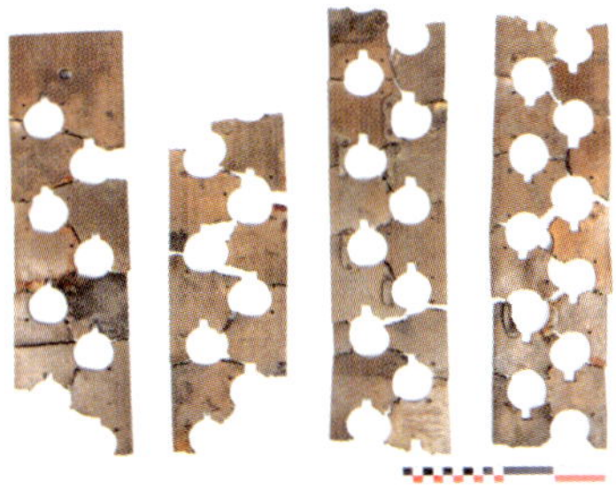

[도20] 주전 유물(경점용 동판) | (재)수도문물연구원

[도21] 주전 유물(구슬방출기구)

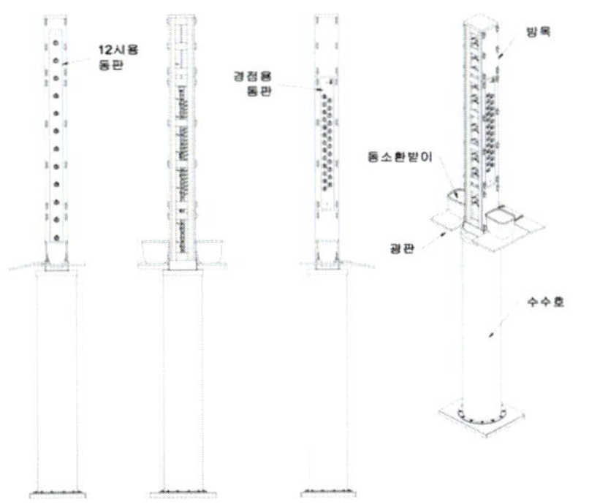

[도22] 복원 설계 주전시스템의 중종 보루각 자격루에 적용 설계(연구책임자 윤용현)

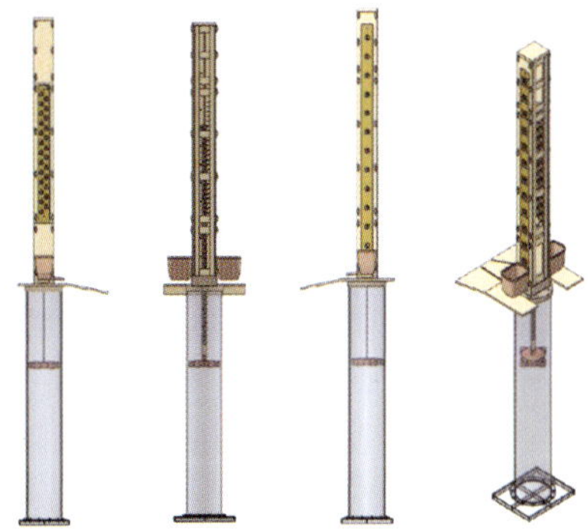

[도23] 복원 설계 주전시스템의 중종 보루각 자격루에 적용 설계와 조감도(연구책임자 윤용현)

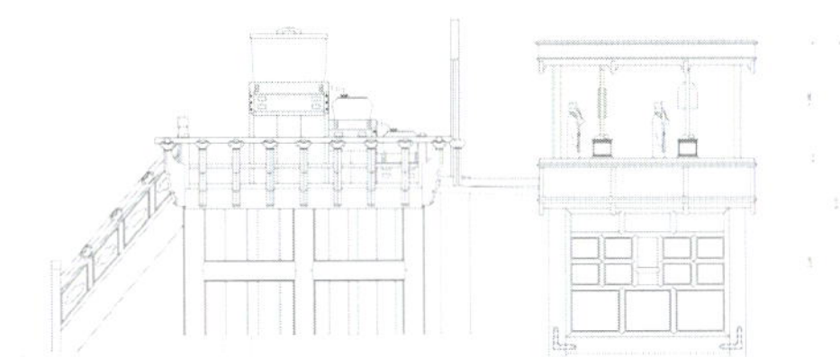

[도24] 보루각 자격루 남측 입면도(설계 : 연구책임자 남문현)

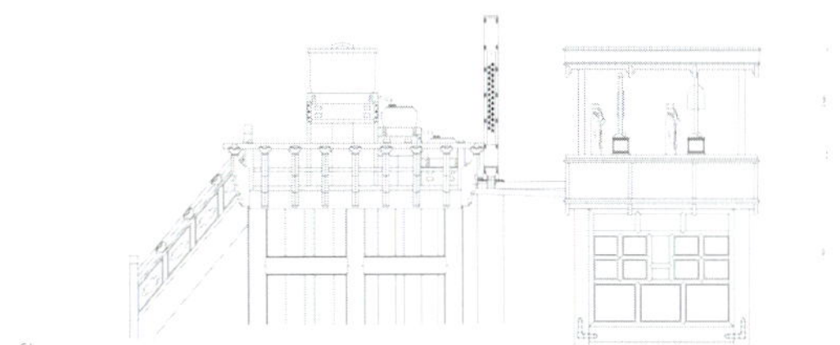

[도25] 보루각 자격루 남측 입면도(재설계 : 연구책임자 윤용현)

[도26] 중종 보루각 자격루 복원 모습(연구책임자 윤용현) 복원장소 : 국립중앙과학관 한국과학기술사관

사상의 근원을 천체운행과 계절의 변화로 담아낸 천문시계였다. 다시 말해서 옥루는 자격루와 함께 조선 전기를 대표하는 자동물시계이며, 당시 중국과 이슬람의 과학기술을 교묘히 융합한 과학사적으로 기념비적인 창제물이었다. 비록 옥루는 몇 차례 망실과 복원이 지속적으로 있었지만, 적어도 180여 년 동안 조선 왕실을 상징하는 물시계로 자리매김해 왔다(윤용현, 김상혁 등, 2017).

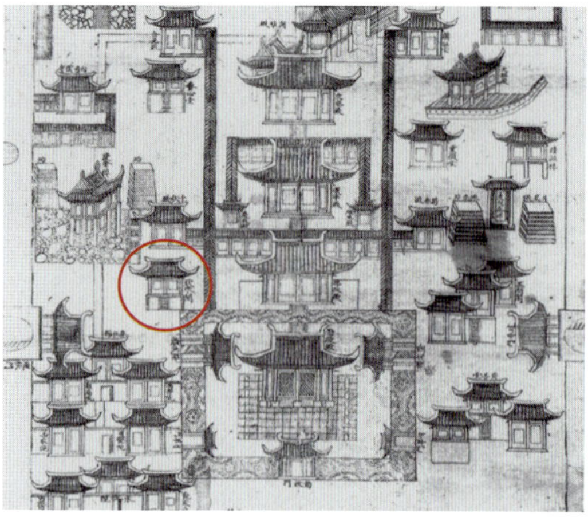

[도27] 『경복궁도』 흠경각 위치 | © 이강근, 1998, 『경복궁』 대원사

옥루는 하루의 매시간을 종, 북, 징으로 타격하여 해당하는 시간을 알려준다. 또 혼천의가 있어 동지, 춘분, 하지, 추분 등도 알려주는 종합적인 자동물시계 장치이다. 자격루가 부력을 동력으로 하는 반면, 옥루는 동력이 수차인 점에서 차이가 있는데, 시간과 계절을 알려주는 기계 장치를 옥루기륜이라 하며 내부에 보이지 않게 설계하였다.

흠경각 안의 옥루에는 높이 7자쯤 되는 종이로 만든 산 모형이 있는데 이것은 우주를 상징하는 것으로 그곳에 탄환 크기의 태양이 매일 산을 한 바퀴씩 돌게 되어 있다. 뿐만 아니라 실제 태양이 계절마다 높이가 달라지듯이 그 높이도 달라지게 하였다. 옥루는 태양 아래의 산 위에서 산 밑 평지까지 옥녀玉女, 사신四神, 사신司辰, 무사武士, 십이지신, 관인官人의 인형들이 있다. 인형들은 각각의 맡은 역할에 따라 요령을 흔들거나, 방향을 회전하거나, 종·북·징을 치거나, 시패장치로 시간을 알려주게 설계되었다.

하루 12시간 중 4개의 옥녀와 사신에 의해 각각 3시간씩 분담하여 매 시간마다 옥녀는 방울을 흔들고, 사신의 모형들은 90°씩 돌게 하였다. 따라서 사신은 4시간마다 그 자리에서 한 바퀴씩 도는 것이다. 산의 남쪽 기슭에 세운 사신司辰이 해당하는 시간이 되어 종을 치는 무사를 향하여 보면, 무사는 사신을 향하여 보고 종을 친다. 이런 방법으로 매경, 매점마다 북, 징을 치는 무사들이 움직인다. 특히 십이지신 모형들은 그에 해당되는 시간에만 움직이는데, 엎드렸다가 일어나도록 고안되었다.

흠경각 옥루는 자동물시계에 태양 운행 장치를 결합하여 정밀하게 만든 것으로, 시時·경更·점點을 모두 청각과 시각으로 확인할 수 있도록 만든 것이다. 그와 더불어 기기欹器를 설치하고 《빈풍도》를 벌려 놓아서 천도天道의 차고 이지러지는 이치를 보고 백성이 농사짓는 어려움을 볼 수 있게 하였는데, 이는 조선의 창안이었다. 이런 흠경각의 설치는 세종이 추구한 7년에 걸친 대규모 천문의기 제작 사업이 완성되었다는 선포였으며, 하늘을 본받고, 시의에 순응하며, 공경하는 뜻을 극진히 하고, 백성을 사랑하고, 농사를 중히 여기는 인후한 덕에서 비롯한 것이라고 천명한 기념물이었다(윤용현·기호철, 2017).

■ 흠경각 옥루의 복원은 필자를 중심으로 한 연구진이 2016년부터 2019년까지 흠경각 옥루의 내부 구조를 설계하고 동력전달의 메커니즘 분석·연구, 시보시스템의 작동모델 분석 연구 등을 거쳐 복원하였다(윤용현 등 2017~2019).

흠경각 옥루 시보시스템의 신호는 주로 걸턱과 구슬에 의한 것으로 이는 이슬람 기계시계의 기술을 도입한 것이다. 자격루와 옥루에서는 걸턱과 구슬을 다양하게 적용하여 이슬람의 기술적 요소를 확장하여 사용하였다. 조선의 구슬 시보 방식은 17세기 조선의 혼천시계에도 그대로 적용되었다. 송이영이 제작한 혼천시계의 경우 경점시간은 사라졌지만, 12시 시간을 초와 정으로 구분하여 알려주었다. 이렇듯이 당시 조선에서는 이슬람 방식의 시보 체계를 융합하여 개량하고 독창적으로 발전시킬 수 있는 독자적인 기술을 갖추고 있었음을 보여주는 것이다(김상혁, 윤용현 등 2017).

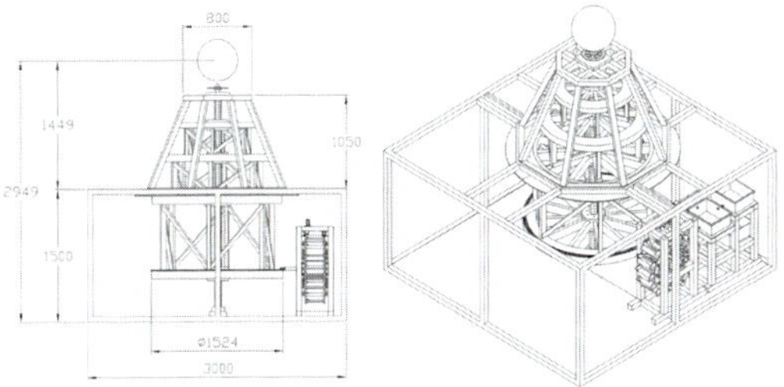

구동 부분 도면　　구동 부분 투시도

수차 · 기륜 · 태양운행 장치의 도면

수차 · 기륜 · 태양운행 장치 제작

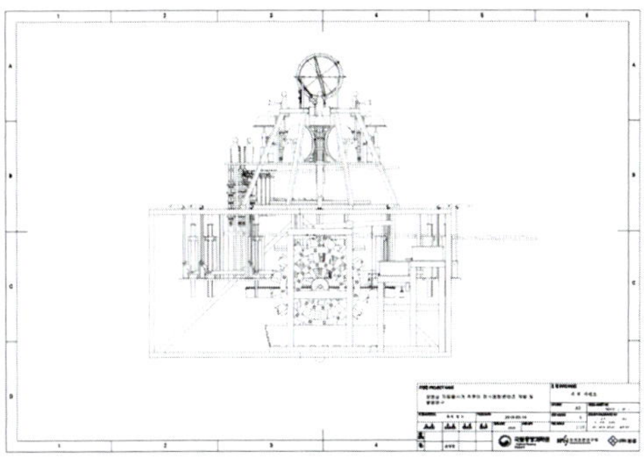

동력 · 시보시스템 설계도

동력 · 시보시스템 투시도

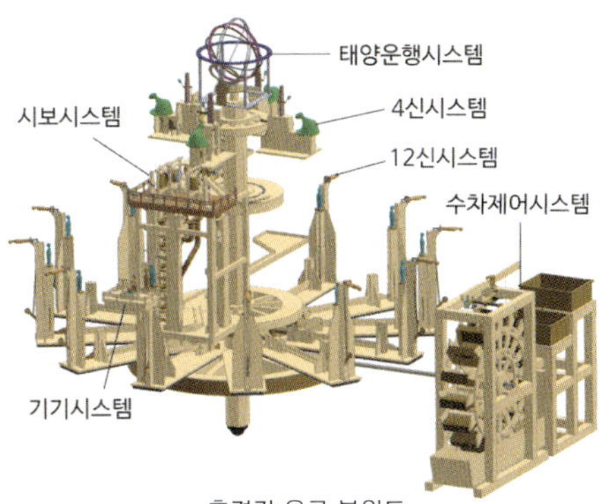

흠경각 옥루 복원도

복원 흠경각 옥루

[도28] 흠경각 옥루 복원 자료(연구책임자 윤용현)

3. 별시계

1)해시계와 별시계인 일성정시의日星定時儀

일성정시의는 해시계와 별시계의 기능을 하나로 고안하여 낮과 밤의 시간을 측정할 수 있도록 만든 우리나라만의 독창적인 천문 관측 의기儀器로서, 1437년(세종 19)에 최초로 만들어졌다. 이 기기는 다른 나라에서는 볼 수 없는 것으로 해시계의 원리와 별들이 북극성을 중심으로 규칙적으로 회전한다는 원리를 적용하고 있다.

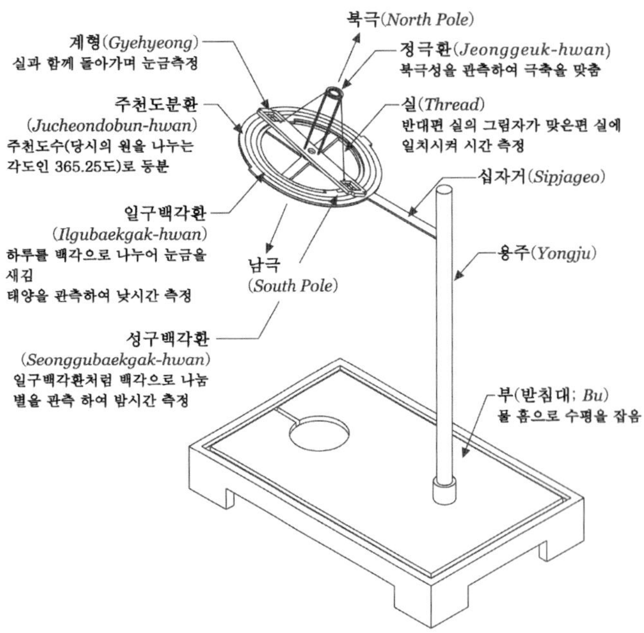

[도29] 일성정시의 구조와 명칭 | 국립중앙과학관(2003)

[도30] 일성정시의

일성정시의의 구조와 원리 그리고 사용법은 세종 19년의『세종실록』에 실린 김돈의『간의대기』서문 중「일성정시의명병서日星定時儀銘并序」와『증보문헌비고增補文獻備考』에 자세히 기록되어 있다.『세종실록』에 의하면 모두 네 벌[件]을 만들어 하나는 내정內庭에 둔 것은 구름과 용을 장식하였으며, 나머지 셋은 다만 발이 있어 바퀴자루[輪柄]를 받고 기둥을 세워 정극환定極環을 받들게 설계되었다. 3벌 중 하나는 서운관書雲觀에 주어 점후占候에 쓰게 하고, 둘은 함길·평안 두 도의 절제사 영에 나누어 주어서 군중의 경비하는 일에 쓰게 하였음을 알 수 있다.

일성정시의 구조를 보면, 주천도분환周天度分環, 일구백각환日晷百刻環, 성구백각환星晷百刻環, 정극환定極環, 계형界衡, 용주龍柱, 부趺[받침대] 등으로 이루어져 있다. 이 가운데 일구백각환으로는 낮의 시간을, 성구백각환으로는 밤의 시간을 측정한다.

일성정시의로 시간을 측정하기 위해서는 먼저 극축極軸 조정을 해야 한다. 극축 조정은 관측자가 십자거 중앙에 있는 구멍을 통해 구멍의 중심과 정극환의 중심을 북극성에 일치시켜 북극北極 축을 맞춘다. 이때 받침대의 물 홈에 물을 채워 기기의 수평을 맞춘다.

현재 우리는 하루를 24시간으로 나누고, 1시간을 60분, 1분을 60초로 나누는 시각법을 사용하고 있으나, 당시에는 하루를 12시 백각百刻으로 나누었다. 매시는 초와 정으로 2등분하고, 초와 정은 각각 4와 1/6각으로 나누어 사용하였다. 1각은 현대 시간으로 14.4분에 해당한다.

시간 측정 방법은 환環 중앙에 수직으로 세워진 정극환의 양쪽으로 실을 묶고, 환 위에 놓인 계형의 양 끝에 묶는다. 한쪽 실의 그림자를 반대편 실에 일치시키고 그때의 눈금을 읽어 시간을 측정한다.

낮 시간 측정 방법은 낮에는 해시계의 역할로 시간을 측정한다. 그림과 같이 실1과 실2의 그림자가 종이에 맺혀지는데, 이 두 그림자가 서로 겹쳐지면 계형이 태양의 방향을 가리키게 된다. 이때 눈금을 읽어 시간을 측정한다.

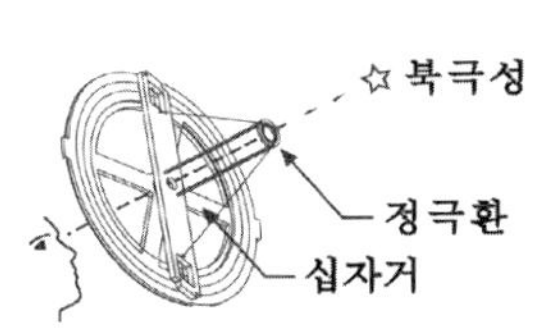

시간보기

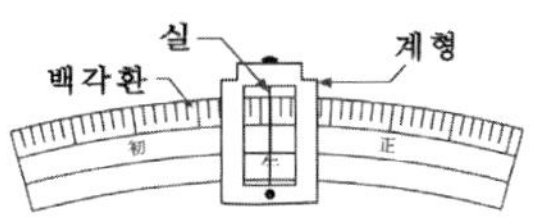

당시의 시간

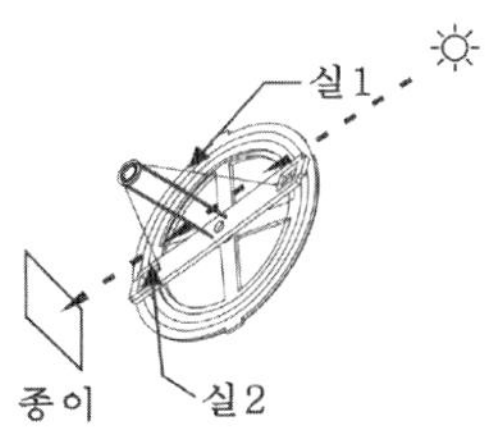

낮 시간 측정

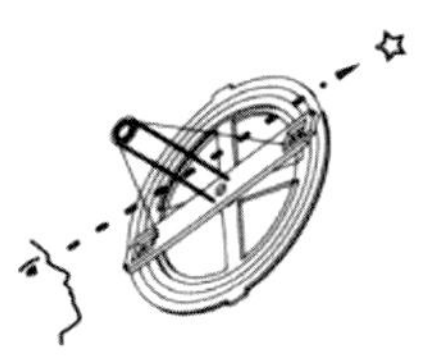

밤 시간 측정

[도31] 일정성시의 시간 측정 방법

밤 시간 측정은, 별들은 그 위치가 항상 고정되어 있기 때문에 고정된 별을 기준별로 삼고 두 개의 실을 별과 일치시키면 계형이 그 별을 가리키게 된다. 그때의 눈금을 읽고 기준별이 뜨고 지는 시간을 계산하여 측정하면 된다.

세종의 독창적인 창조물인 일성정시의는 해시계로서 자격루를 교정할 오정 시각을 정확히 구하는 기능을 담당하였다. 그리고 별시계로서 북극성의 위치를 추적하여 천문 시간[항성시]을 구해 줌으로써 밤 시각을 정확히 측정하고, 아울러 365일의 날짜를 정확하게 계산하는 기능을 담당하였다. 또한 일성정시의는 정극환의 방향을 한양에서의 북극 고도에 맞추어 사용함으로써 한양을 기준으로 한 국가 표준시계 역할을 하였다.

4. 혼천시계

1) 조선의 초정밀 과학 기술 - 송이영 혼천시계

국보 혼천시계는 1669년에 천문학자인 송이영이 만든 천문시계이자 기계식시계로, 서양식 자명종自鳴鐘의 원리와 동양에서 오랫동안 사용해 온 혼천의渾天儀를 결합해 만든 것으로 천체 운행과 시간을 알려주는 과학 문화재이다.

이 혼천시계는 길이 120cm, 높이 98cm, 두께 52.3cm의 나무상자인 궤[시계 장치]와 혼천의로 구성되어 있다. 혼천의에는 태양 운행 장치와 달 운행 장치가 있어 천구상의 천체 운동을 그대로 재현하고 있으며, 혼천의의 중심에 위치한 지구의地球儀(지름 8.9cm)에는 당시 정밀한 세계 지도인 〈곤여만국전도〉를 적용하여 표현하고 있다. 놀라운 것은 혼천의 중심의 지구의가 둥글다는 점이다. 당시 유학자들은 하늘은 둥글고 땅은 평평하다고 하는 천원지방설天圓地方說을 믿고 있었던 시기임에 비추어 대단히 놀라운 이론을 적용한 것이다. 따라서 몇몇 과학자들이 서양의 과학기술에 대해 능동적으로 이해하고 천문 과학에 대한 지식 체계를 갖고 있었기에 혼천시계가 제작될 수 있었던 것으로 보인다(이용삼, 김상혁, 2007).

특히 혼천의의 북극 쪽의 축은 시계 장치와 톱니바퀴로 연결되어 있는데, 중심에 있는 지구의는 남북극을 축으로 하여 하루에 한 번 회전하게 설계되어 있다. 시간 지속 장치, 시간 지시 장치, 구슬 신호 발생 장치, 타종 장치로 구성된 '시계 장치'는 12지 시패時牌로 시간을 알려주고, 타종을 위한 장치가 있어 조선 초기의 자격루 전통을 그대로 잇고 있다. 시계 장치의 구슬 신호 발생 장치에서는 오늘날의 1시간 간격으로 쇠구슬을 떨어뜨려 신호를 보내 주며, 구슬 신호에 따라 타종 장치에 달려있는 작은 막대가 종을 치도록 되어 있다.

혼천시계의 동력 발생은 2개의 추 운동으로 이루어진다. 앞에 있는 추는 주동력 장치로서 시간 지속 장치에 매달려 있는데, 시간 지시 장치와 구슬 신호 발생 장치 그리고 혼천의로 동력을 전달한다. 시간을 시각적으로 알려주는 '시간 지시 장치'는 12시패로 시간을 알려주고, 쇠구슬을 이용하여 타종신호를

[도32] 좌: 혼천시계, 우:혼천시계의 혼천의 부분 | 고려대학교박물관

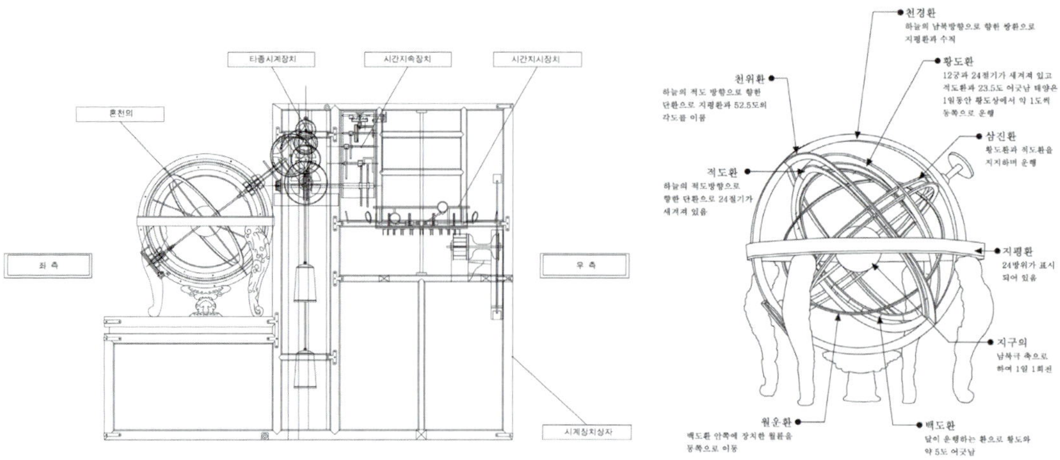

[도33] 좌:혼천시계 구성, 우: 혼천의 구성 | 김상혁(2007)

발생시키는 '구슬 신호 발생 장치'는 구슬 주걱으로 들어 올린 쇠구슬을 떨어뜨려 신호를 발생시킨다. 다른 추는 시간에 따라서 종을 울리는 '타종 장치'와 연결되어 구슬 신호 발생 장치로부터 발생한 신호로 매시간 타종하는 역할을 한다.

혼천시계의 동력원은 추(분동, weight)를 이용하는 것으로, 추력의 힘을 일정하게 전달하기 위해서 진자의 운행에 일정한 속도를 유지하기 위해 일정한 간격으로 톱니 기어를 풀어주는 장치로 일종의 속도 조절 기구인 탈진脫進 장치와 진자振子 장치를 두었다. 보통 기계시계를 운행하기 위해서는 태엽이나 분동을 감아야 한다. 이것으로 에너지를 축적하는 것이다. 혼천시계는 분동 즉, 추를 사용하여 에너지를 발생시켰다(이용삼, 김상혁, 2007). 서양에서는 1583년 갈릴레오 갈릴레이(Galileo Galilei)에 의해 진자의 등시성이 발견되자 네덜란드의 과학자 하위헌스는 이것을 시계에 이용하여 1657년 최초의 진자시계를 완성하였다. 이와 견주어 볼 때 조선의 진자를 이용한 자명종 제작 기술의 도입과 수용이 상당히 빨랐음을 알 수 있는데, 하위헌스가 진자시계를 만들어 낸 지 단 13년 만의 일이다. 이렇듯이 빠른 신기술의 적용은 당시 조선의 전통적인 시계 기술 축적이 이루어지지 않고서는 불가능하였다고 판단되며, 이러한 점에서 이 시계는 자격루로부터 이어지는 기술적 전통과 이를 계승·발전시키려는 조선 과학자들의 창조적 능력이 결합하여 이루어 낸 성과물임에 틀림없다.

2) 조선 후기 기계시계 - 홍대용 혼천시계

홍대용 혼천시계는 조선후기 천문학자 홍대용(洪大容, 1731~1783)과 호남의 과학자 나경적(羅景績, 1690~1762)이 1762년에 공동으로 창제한 기계식 천문시계로, 홍대용의 저서인『담헌서湛軒書』「농수각의기지籠水閣儀器志」에 '통천의統天儀'라는 이름으로 자세히 기록되어 있다. 통천의는 혼천시계의 일종으로 자명종의 동력을 사용하여 혼천의를 운행시킨다.

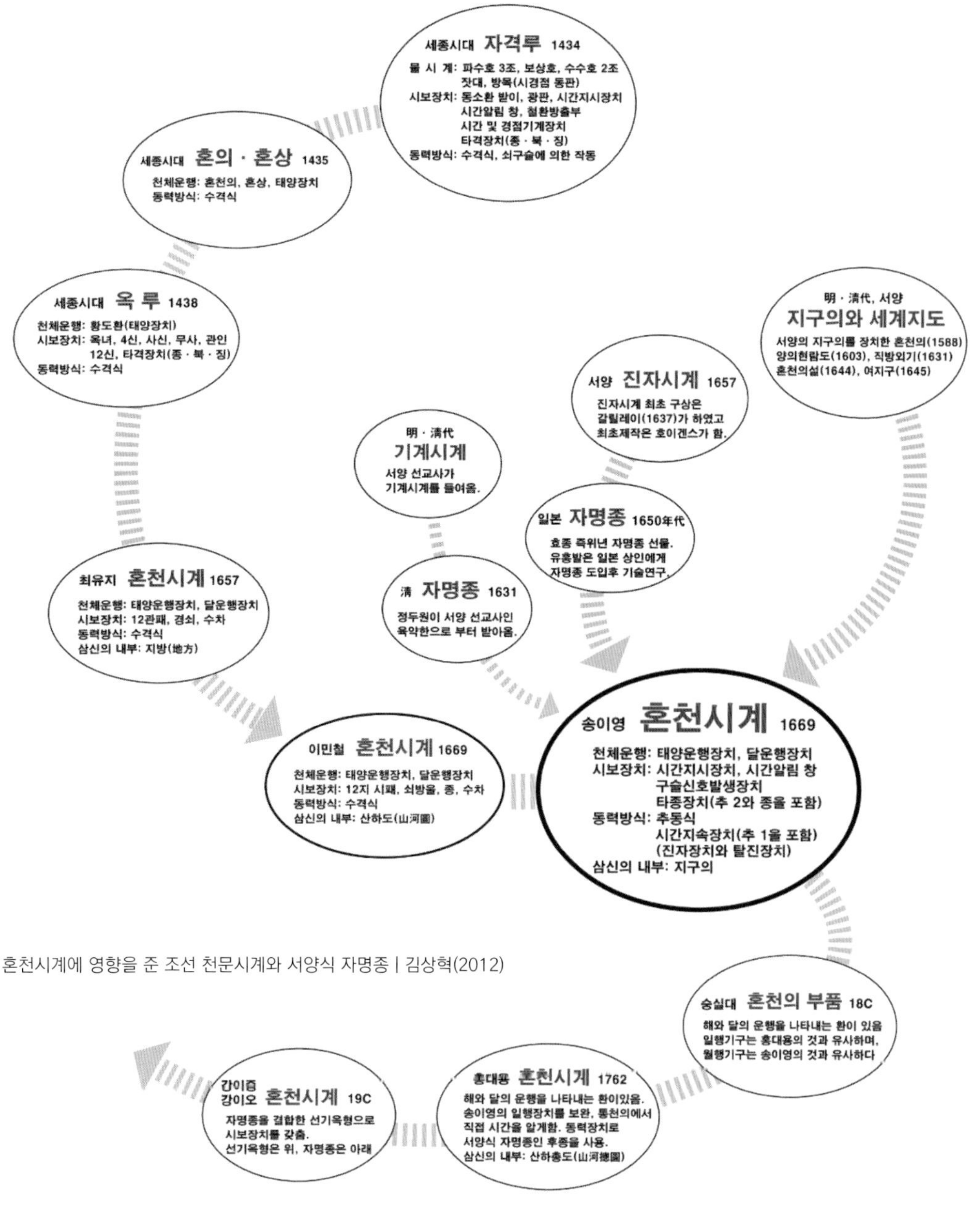

[도34] 혼천시계에 영향을 준 조선 천문시계와 서양식 자명종 | 김상혁(2012)

홍대용은 1760~1762년에 통천의, 혼상의渾象儀, 측관의測管儀, 규의명圭儀銘 등 다양한 천문관측기기를 제작하였다. 그의 문집인 「농수각의기지」에 따르면, 통천의는 추동식 혼천시계로, 왕실이 아닌 민간에서 제작된 천문기기라는 점에서 과학기술적 의미를 지니고 있다(김상혁 2012).

홍대용의 혼천시계는 천체의 운행을 통해 날짜와 시각을 알려주는 혼천의에 추의 힘으로 작동하는 자명종을 연결하여 하나의 기계장치를 이루고 있다. 혼천의 안에 태양을 상징하는 태양진상太陽眞象[태양 모형]이 일 년의 절기와 하루의 시각을 알려주고, 달을 상징하는 태음진상太陰眞象[달 모형]이 음력 날짜를 알려준다.

홍대용 혼천시계는 자명종의 추력을 동력으로 사용하는데, 이는 1669년 제작된 송이영 혼천시계를 계승 및 기계적 메커니즘을 한 단계 발전시킨 것으로 과학기술사적 가치가 뛰어난 천문시계이다. 송이영의 혼천시계는 태양 모형에 연결한 실을 감아서 일 년간 태양의 운동(연주운동)을 구현하는데 비해, 홍대용 혼천시계는 몇 개의 톱니바퀴 세트를 활용하여 기계적인 회전력으로 태양 모형을 움직이게 한다. 또한 태양 모형의 구동법과 같은 톱니바퀴 세트를 이용하여 달 모형을 구동시킨다. 말하자면 회전력과 기어 장치만으로 이 두 모형을 천체운동에 맞게 자동 운행시켰다(윤용현 등, 2020; 2021; 민병희, 윤용현 등 2020; 2021).

필자는 국립중앙과학관의 기본연구과제사업의 일환으로 '조선 후기 기계시계 장치 전시품 개발 연구'를 2년간 진행하여 21세기에 홍대용-나경적의 혼천시계를 재탄생시켰다(윤용현 등, 2020; 2021; 민병희, 윤용현 등 2020; 2021).

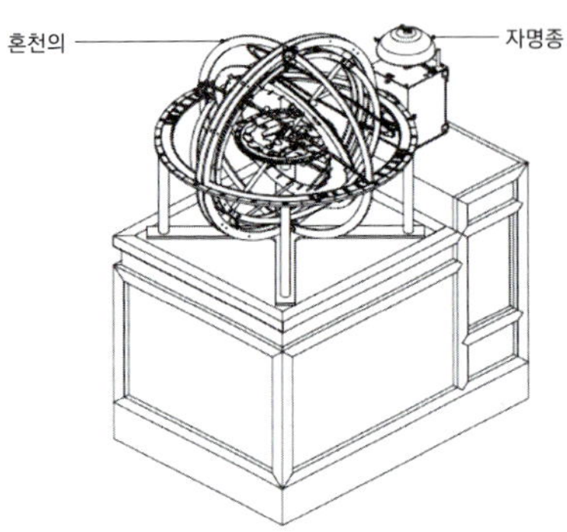

[도38] 좌: 홍대용 혼천시계의 혼천의와 자명종 복원 모델, 우: 홍대용 혼천시계(통천의) 복원(연구책임자 : 윤용현)

홍대용 혼천시계는 1438년 장영실의 흠경각 옥루 발명 이래로 1669년 송이영의 혼천시계로 이어지는 조선 전통의 천문시계로 실학자들이 공동 개발한 점에서 그 의미가 있다.

참고 문헌

- 국립민속박물관, 2004, 『천문』
- 국립중앙과학관, 2003, 『세종대왕과 과학기기들』, (국립중앙과학관 과학기술사연구실)
- 국립중앙과학관, 2013, 『2013 국립중앙과학관 소장품 도록: 천문/기상/지리』, (국립중앙과학관)
- 국립중앙과학관, 2013, 『전통 해시계 제작기술과 교육활용』, (겨레과학기술원리탐구연구사업 2013-2)
- 김상혁, 2007, 『송이영 혼천시계의 작동메커니즘에 대한 연구』(중앙대학교 박사학위논문)
- 김상혁, 2012, 『국보 제230호, 송이영의 혼천시계』, 한국학술정보 (파주), 39~183쪽.
- 김상혁·윤용현·민병희 등, 2019, 「흠경각루 시보시스템의 작동모델」, 『천문학논총』34-3, 31~40쪽.
- 김상혁·함선영·이용삼, 2017, 『장영실의 흠경각루, 그리고 과학산책』, 민속원.
- 남문현 등, 1995, 『전통과학기기의 복원기술개발』 (과학기술처)
- 남문현 등, 1998, 『보루각 자격루 복원설계 용역 보고서』 (국가유산청)
- 남문현, 1995, 『한국의 물시계』 (건국대학교 출판분)
- 남문현, 2002, 『장영실과 자격루』 (서울대학교 출판부)
- 민병희·윤용현·김상혁·기호철, 2020, 「홍대용이 제작한 천문시계 통천의의 기계동력시스템」, 『천문학논총』 35-3, 43~57쪽.
- 민병희·윤용현·김상혁·기호철, 2021, 「홍대용 통천의의 혼천의 연구」, 『천문학논총』 36-3, 79~95쪽.
- 서준, 2007, 「자격루 복원과정과 의의」, 『고궁문화』, (국립고궁박물관), 95~134쪽.
- 윤용현, 2012, 『전통 속에 살아 숨 쉬는 첨단 과학 이야기』 (교학사)
- 윤용현·기호철, 2017, 「세종의 흠경각 건립 의미와 옥루의 구조」, 『민족문화』 제49권, 37~74쪽.
- 윤용현·김상혁·민병희 등, 『장영실 자동물시계 옥루의 전시융합콘텐츠 개발 및 활용 연구』 1차년도 (2017); 2차년도(2018); 3차년도(2019), (과학기술정보통신부)
- 윤용현·김상혁·민병희·오경택, 2021, 「조선 전기 자동물시계의 주전籌箭 연구」, 『천문학논총』 36-3, 65~78쪽.
- 윤용현·김상혁·민병희·오경택, 2022, 「서울 인사동 출토 자동물시계의 주전籌箭 연구와 활용」, 『2021 인사동 발굴 그 성과와 나아갈 길』, (국립고궁박물관·재 수도문물연구원 공동 학술대회), 83~97쪽.
- 윤용현·유근필 등, 『조선 전기 기계시계 장치 전시품 개발연구』, 1차년도(2020년 - 홍대용 천문시계의 동력 시스템을 중심으로)-); 2차년도(2021년 - 홍대용 천문시계의 천체운행시스템을 중심으로-), (국립중앙과학관 기본연구과제)
- 윤용현·유근필·오경택 등, 2022, 『조선 전기 자동물시계 주전籌箭 전시품 개발』, (2022년 국립중앙과학관 기본연구과제)
- 이용삼·김상혁, 2007, 「송이영宋以穎 혼천시계渾天時計의 천체운행 장치 구조와 작동원리 연구」 『한국우주과학회지』 24-2, 167~178쪽.
- 이용삼·남문현, 1998, 「일성정시의를 이용한 자격루의 시각 교정」, 『세종과학기술의 현대적 조명』 23~31쪽. 전상훈, 1994, 『시간과 시계 그리고 역사』 (도서출판 월간시계사)
- Needham J., Lu G.-D., Combridge J. H., & Major J. S., 1986, The hall of heavenly records: Korean astronomical instruments and clocks 1380-1780, Cambridge Univ. Press (Cambridge)
- S. H. Kim, Y.-H. Yun, S. Y. Ham, B.-H. Mihn, H.-C. Ki, 2017, "A Study on Analysis and Design of the Internal Structure of Heumgyeonggak-nu," J. Astronomy and Space Science, Vol.34, No.2, pp.171-182.

조선후기 야금제夜禁制의 운영과 범야인犯夜人

유 승 희 연세대학교 법학연구원 연구교수

야간 통행금지는 1960~80년대를 살았던 세대들에게는 익숙한 단어이다. 영화 '쎄시봉'에서 묘사한 것처럼 이제는 추억의 산물이라고 할 수 있다. 야간의 통행금지는 광복 직후인 1945년 9월 8일 미군정에 의해 시행되었다. 치안 유지를 목적으로 서울과 인천지역에만 통행을 금지했던 것이 6·25전쟁을 거치면서 전국적으로 시행되었다가 1982년 1월 5일 폐지되었다.

이러한 야간 통행 금지제도는 미군정의 산물은 아니었다. 이미 조선시대에 도성 안 치안 유지를 위해 널리 시행되었다. 조선시대 야간 통행금지인 야금은 포도청의 순찰 외에 한성부[한양]의 주민을 징발하거나 조직화하여 각 방坊의 치안을 책임지도록 한 좌경坐更 제도와 함께 도성 안에서 시행되고 있는 가장 기본적인 치안 유지 정책이었다. 아울러 도시의 질서 확립을 위해 모든 한성부의 주민이 반드시 지켜야 할 금제禁制였다.

이 글에서는 조선시대 시보제의 실시와 함께 나타난 야금제의 운영 과정과 이를 어긴 범야인의 실태, 국가의 처벌 과정 등을 살펴보고자 한다.

1. 조선시대 야금제의 시행

조선시대에는 인정人定과 파루罷漏라는 제도를 통해 한성부 주민에게 시간을 알려주었다. 이것은 도성문의 개폐 시간을 알려주는 것으로, 야간의 통행을 금지하기 위한 일종의 예비 종소리이다. 당시 도성문과 궁성문의 출입을 제한하는 것을 문금門禁이라고 하였다. 해가 지면 한양 도성의 문을 닫고 새벽이 되면 문을 열어 주는 제도이다. 이러한 인정과 파루의 문금제도가 정확히 언제 시행되었는지는 알 수 없다. 1398년(태조 7) 4월 서울 도성 곳곳에 시간을 알리기 위해 경기도 광주에서 주조한 종을 종루에 걸고, 윤5월에는 물시계인 경루更漏를 종루에 설치한 것으로 보아 1398년 이후에서야 인정과 파루를 알리는 시보時報가 행해졌다고 할 수 있다.[1]

1
유승희, 『통제된 시간과 공간』, 세창출판사, 2017.

인정은 밤 8시가 조금 넘은 시각인 초경 3점 말로, 국가는 이를 백성들에게 알리기 위해 종을 28번 쳤다.[2] 파루는 새벽 4시 경인 5경 3점으로 북을 33번 쳐서 시간을 알렸다. 파루제도는 태종대에 제도적 변화를 거쳐 『경국대전經國大典』에 규정되었다. 1414년(태종 14) 이전에 파루의 종 치는 시각은 5경 초점이었다. 그러나 1414년(태종 14) 병조판서 이응은 인정과 파루제도가 중국과 차이가 있음을 언급하며, 5경 초점에서 5경 3점으로 시간을 변경하도록 주장하였다. 아울러 종을 치는 횟수 역시 28수의 수에 맞게 칠 것, 중국의 경우 저녁에 종을 치는 일이 없으니 이를 혁파할 것 등도 주장했다. 이에 따라 태종은 종을 치는 횟수를 28수에 따라 규정했으며, 파루의 시각 역시 5경 3점으로 바꾸도록 하였다.[3] 파루에 종을 치는 제도는 1423년(세종 5)에 북을 치는 것으로 바뀌었다. 파루의 북 치는 시간 역시 5경 3점 말에서 5경 3점 초로 변경하였다. 서운관書雲觀에서는 종래 인정종人定鍾은 초경 3점 말에 치고, 파루의 북을 치는 것은 5경 3점 말에 치게 되니, 앞뒤가 고르지 않음을 지적하였다. 그리하여 파루의 북을 5경 3점 초에 치도록 세종에게 아뢰었다.[4]

이처럼 도성 안의 모든 사람에게 통행 금지의 시작과 해제를 알리는 인정과 파루는 조선 사회의 가장 중요한 시보였다. 수도 한양의 하루는 종루에서 울려 퍼지는 파루 소리로 시작되고, 인정 소리로 마무리되었다.

인정, 파루제도의 시행과 함께 한성부 내 야간의 통행금지는 조선 초 태종대 이미 실시되고 있었다. 태종은 즉위 후 순작법巡綽法을 시행하여 초경 3점 이후부터 5경 3점 이전에 거리를 돌아다니는 자를 모두 가두었다. 이후 세조대에 이르러 도적이 성행하여 도성 사람들의 피해가 심해지자, 문금門禁과 야금을 강화하는 과정에서 통행금지 시간, 야금의 대상, 야금을 범한 범야자의 수금囚禁 등에 관한 세부규정이 마련되었다.

세조대 야금 시간은 태종대보다 단축되었다. 태종대의 경우 '초경 3점에서 5경 3점'까지 통행이 금지되었던 것이 세조대에 이르면 '2경부터 4경까지'로 단축되었다. 태종 이후 야간 통행금지시간의 변경 이유는 알 수 없으나 세조대 도적의 발호를 막기 위해 야금을 엄중히 시행했음에도 불구하고 통행금지 시간은 축소되었다. 야금 대상자도 규정하여 야간 통행을 허용하는 표신標信을 소지한 자 외에는 모든 사람의 통행을 금지하였다. 만약 출산이 임박하거나 병을 이유로 급히 의원을 불러야 하거나 상喪을 당하는 등 부득이한 사유로 통행해야 할 경우에는 순라군이 밤에 거처하는 경수소警守所에 이를 알려야만 했다. 그러면 경수소에서는 사람을 시켜 가야 할 곳까지 데려다주고, 다음날 그 사실 여부를 따져 거짓일 경우는 처벌하였다. 야간 통행금지를 어긴 범야인에 대한 처벌 규정도 마련되었다. 세조는 통금을 어긴 3품 이하의 관원은 모두 가두었다. 반면 3품 이상의 관원은 따라다니며 시중드는 시종을 가두었다.[5] 아울러 순라의 임무도 강화하여 병조 외에 의금부와 형조의 낭청郞廳이 영사令史, 장수杖首, 나장螺匠, 백호百戶를 거느리고 일정한 시간 없이 돌아다니면서 순찰하도록 하였다.

이러한 세조대 야금 관련 규정들은 그대로 『경국대전』 병전兵典에 규정되었다. 궁성문은 초저녁에 닫고 해가 뜰 때 열었으며, 도성문은 인정에 닫고 파루에 여는 것을 원칙으로 하였다.[6] 통금시간은 2경 후부터 5경 이전까지로 규정하고, 관직이나 신분의 고하를 막론하고 모든 사람의 외출을 금지하였다. 이유 없이 통행하는 자는 체포하여 인근 경수소로 이관하였다가 순청巡廳에 가두었다.[7]

2
『세종실록』 권19, 세종 5년 정월 18일(경자).

3
『태종실록』 권27, 태종 14년 6월 20일(신유).

4
『세종실록』 권19, 세종 5년 1월 18일(경자).

5
『세조실록』 권6, 세조 3년 2월 (병진).

6
『경국대전』 권4, 병전 문개폐.

7
『경국대전』 권4, 병전 행순.

이처럼 야금의 금령은 엄히 시행되었지만 특별한 날에는 해제되기도 하였다. 정조는 정월 보름과 전후 각각 하루씩 3일간 야금을 해제했으며, 섣달 그믐날과 설날, 가절佳節, 과거에 급제한 사람이 고향집에 돌아와 축하 잔치를 베푸는 도문연到門宴 때에도 야금을 해제하도록 삼군문, 좌우순청, 포도청에 전교하기도 하였다. 이 밖에 임금이 진연進宴에 나가거나 기로소耆老所의 당상 등에게 시상을 할 때 이를 경축하는 의미에서 야금을 늦추는 등 완화하는 경우도 있었다.

2. 범야물금첩犯夜勿禁帖의 발행과 야금

조선시대 야간의 통행은 모든 사람에게 금지되었다. 그러나 액정서掖庭署, 승정원承政院, 삼사三司(사헌부, 사간원, 홍문관), 의금부 등 관사의 잡무를 수행하던 시종이 공무 수행을 이유로 야간에 왕래할 경우 야간 통행증인 '범야물금첩'을 발급받으면 야금의 단속 대상에서 제외되었다.

승정원은 왕의 비서기관으로 왕명 출납을 맡아 다른 관사보다 긴급한 일이 많았고 주야를 구분하지 않는 업무 탓에 이런 통행증이 필요하였다. 의금부는 죄인들의 억울한 일에 대한 청원서를 받거나 죄인을 신문한 뒤 왕에게 보고를 올리는 일로 야간 출입이 잦았다. 따라서 이들도 야간 통행증이 절실한 실정이었다. 각 관사 관원의 경우 야간에 해야 할 사무가 있었으므로 관사에서 미리 인원수를 정하여 이들에게 물금첩을 지급해주었다. 물금첩을 받은 관속은 인정人定 후에도 야간 통행이 허용되었다.

범야물금첩은 삼군영과 포도청에서 서압署押과 관인官印을 찍은 다음 비변사에서 나누어 주는 것이 정식이었다. 비변사는 식년式年마다 각 관사에 공문을 보내어 야표夜標를 작성하도록 한 후 삼군영 및 좌우포도청의 수결手決을 받도록 했으며, 순청의 경우는 수결을 하지 않고 좌우순청으로 기재하였다. 각 관사에서 야표를 작성하여 삼군영과 포도청의 수결을 받고 비변사로 보내면, 비변사에서는 규정된 전례에 의하여 관사의 수에 따라 새로 범야물금첩을 나누어 주고, 오래된 물금첩은 폐기하였다. 물금첩을 분실했을 경우 비변사에서 50대의 장형을 집행한 후 신규 증명서를 작성해 주었다.[8]

이처럼 국가는 야간 공무수행이 많은 관사에 물금첩을 발급하며 야금을 효율적으로 수행하려 했지만, 첩이 남발되는 폐가 발생하기도 하였다. 그뿐 아니라 하급 관속들은 물금첩을 빌미로 이유 없이 야간에 통행하거나 남의 것을 빌려서 멋대로 돌아다니며 소란을 피워 물금첩의 관리가 제대로 이루어지지 않고 오용되는 경우가 많았다.[9]

따라서 이러한 역기능을 막기 위해 물금첩의 변통 문제가 제기되었다. 우선 한성부에서는 기존의 물금첩을 모두 환수하고 첩의 관리를 의정부에게 맡겨 그 수를 조정하도록 하였다. 각사 역시 입직관이 주관하여 긴급한 일이 있을 경우에 물금첩을 내주어 야간에 왕래하도록 건의하였다.

각 관사 하인에게 지급되는 물금첩의 수를 줄이는 문제도 논의되었으며, 그 과정에서 승정원의 하례下隷에게 지급되는 물금첩의 수가 조정되었다. 승정원은 다른 관사와 달리 긴급한 일이 많아 주야를 불문하고 업무를 보기 때문에 평상시에도 사령 29명

8
『만기요람』 군정편 1 순라 물금첩.

9
『비변사등록』 52책, 숙종 28년 10월 6일.

이 각각 물금첩을 지니고 있었다. 그러나 숙종 시기 각 관사 하인에게 지급되는 물금첩의 수를 축소하는 과정에서 승정원의 원례에게 지급되는 물금첩의 수가 조정되어 22개로 감소하는 상황이 발생하였다. 승정원의 승지 6인이 각각 거느리는 사령 3명에게 물금첩을 지급하고, 대루청待漏廳 사령의 경우 4명에게만 지급된 것이다. 이러한 승정원의 물금첩의 수는 조정朝廷에 급한 일이 생길 경우 부족한 수량이었다. 따라서 승정원에서는 대루청 사령 4명만으로는 각 관사의 관리와 글로 서로의 의견을 전달하는 간통簡通을 수행하기가 어렵고, 각 관사를 단속하기도 힘들다고 토로하였다. 이에 숙종은 승정원의 요구 사항인 대루청 사령의 수대로 물금첩을 모두 만들어 줄 수는 없지만, 승정원의 입장도 참작해서 수를 늘려 지급하도록 하였다.[10]

이처럼 숙종대 물금첩의 수가 조정되었지만, 여전히 그 발급에는 문제가 있었다. 당시 삼군영과 좌우포청이 야금할 때 가장 큰 문제는 물금첩 숫자가 매우 많아 신구新舊를 분별하기 어렵다는 점이었다. 원래 물금첩은 매해 정월 초에 나누어 주고 한해가 끝나면 비변사에 반납하고 다시 새로운 첩을 발급해 주어야 했다.[11] 하지만 이에 대한 처리가 제대로 이루어지지 않고 신구 물금첩이 뒤섞여 사용되자 훈련도감에서는 구첩舊帖을 거두고 각 관사에 신첩新帖을 내어주도록 건의하였다. 또한 각 관사의 긴급 여부를 상고한 후 긴급한 곳은 4~5첩을, 그렇지 않은 곳은 2~3첩을 만들어 주는 것을 정식으로 하도록 주장하였다. 이에 숙종은 훈련도감의 건의를 받아들여 병조에 분부해 구첩을 거둬들이고 신첩을 만들어 주게 하였으며, 반납하지 않은 구첩은 사용하지 못하도록 하였다.[12]

이 같은 숙종의 조치에도 여전히 물금첩은 신구가 혼용되어 야금을 혼란케 하는 요인이 되었다. 한 예로 1736년(영조12) 범야인으로 체포된 의정부와 형조의 하리下吏가 3년전에 발급된 물금첩을 소지하고 있어 순청에서는 이들을 범야죄로 처리하였다.[13] 더욱이 신설 도감의 증가에 따라 도감에서 자체적으로 물금첩을 만들어 관원들에게 주기 때문에, 첩의 수가 증가하여 야금이 문란해지는 원인이 되었다. 이에 한성부에서는 물금첩을 비변사에서 주관하도록 하고 폐기되는 물금첩의 소각을 왕에게 건의하였다.[14]

영조대에도 물금첩은 비변사에서 주관하기로 결정되었지만, 왕명을 출납하는 승정원에서는 자체적으로 첩을 발급할 수 있도록 요청하였다. 승정원은 수행하는 사무들이 야간에 많았기 때문에 승정원 소속의 물금첩을 자체적으로 만들어 왔다. 그러나 야금이 강화된 이후 승정원 소속의 물금첩은 서리 25명에게 15장이, 사령 35명에게 30장이 발급되었다. 따라서 야간에 시급히 거행할 일이 생기면 물금첩을 소지하지 못한 서리와 사령은 공무를 수행할 수 없으므로 왕명을 전달하는 일이 지체될 수밖에 없었다. 이에 승정원에서는 구례舊例에 따라 자체적으로 물금첩을 만들 수 있도록 청하였다.[15]

승정원에서 물금첩을 발급하는 문제는 이후에도 계속 제기되었다. 1798년(정조22) 범야인으로 승정원 사령 김인창과 고치원이 적발되었는데, 이들은 정식 물금첩을 가지고 있지 않았고 다만 승정원에서 발급한 첩만 소지하고 있었다. 이에 우변포도청에서는 원례院隷라는 핑계로 비변사의 정식 물금첩 없이 승정원의 문적만을 가지고 야간에 다니는 것은 야금을 중시하는 도리가 아니라고 주장하였다. 정조 또한 비변

10
『비변사등록』 52책, 숙종 28년 11월 21일.

11
『승정원일기』 952책, 영조 18년 12월 13일.

12
『비변사등록』 72책, 숙종 45년 4월 14일.

13
『승정원일기』 836책, 영조 12년 10월 27일.

14
『비변사등록』 85책, 영조 5년 정월 6일.

15
『비변사등록』 137책, 영조 35년 12월 16일.

사의 물금첩 외에 승정원의 것은 있을 수 없다며 이를 작성해 준 해당 승선을 비변사에서 색출하도록 하였다. 승정원의 경우 시급한 명령 전달과 수행을 위해 사령의 정식 물금첩 유무를 막론하고 '금야물금今夜勿禁'이라는 인장을 찍어서 임시 물금첩[가첩假帖]을 발급하는 것이 그동안의 관례였다.[16] 하지만 정조는 이러한 관례에 제동을 걸어 승정원의 임시 물금첩을 의정부에서 모아 소각하고 차후 다시 잘못된 관례를 답습하는 자는 첩문帖文을 위조한 죄로 처벌할 것을 승정원의 편람과 『비변사등록』에 싣도록 하였다.[17]

이처럼 각 사의 하례에게 공사를 이유로 물금첩을 지급해주자, 이를 소지한 사람을 범야인으로 체포했을 경우 문제가 되었다. 1723년(경종4) 물금첩이 있는 승정원 사령이 금위영 순라에게 붙잡히자 정부에서는 이들이 붙잡힐 근거가 없기 때문에 해당 패장牌將을 가둔 후 처벌했으며, 금위영 대장은 문책하였다.[18] 1781년(정조5)에는 규장각 감서監書 유득우와 서리 안문규가 일을 마치고 숙직소로 돌아가는 길에 야금으로 붙잡혀 병조로 이송되었다. 이때 유득우는 통부通符를 꺼내 보여주고 안문규도 소지하고 있는 정식 물금첩을 보여주었으나 모두 범야인으로 처리되었다. 이에 규장각에서는 임금이 내린 어패御牌와 다름없는 통부를 가지고 있으며, 통행증인 물금첩을 가지고 있었는데도 야금으로 붙잡은 병조의 당상과 낭청을 문책하도록 요청하였다.[19]

그러나 범야자의 대부분은 이 같은 공적인 이유가 아닌 술집에서 놀다가 야금을 범했고 물금첩으로 면죄가 되었다. 물금첩이 오히려 야금을 해이하게 만들었으며, 각 관사의 하례들은 이를 이용하여 마음대로 야금을 범하였다. 이에 영조는 이러한 폐해를 불식시키고 야금을 강화하기 위해 물금첩과 패牌를 대조하여 발급처가 서로 같지 않으면 포도청에서 곧바로 곤장 20대를 치게 했으며, 패가 없는 자는 50대를 치도록 명령하였다. 아울러 좌우순청, 포도청, 삼군문에 명하여 범야자를 한 명도 검거하지 못한 순군巡軍과 감군監軍에게 곤장을 때려 벌을 주라고 지시했다. 그리고 범야인의 사정을 봐주거나 직위가 높아 겁을 먹고 아뢰지 않은 자는 군법으로 다스리도록 하였다.[20]

3. 범야인의 실태와 순라군과의 갈등

정부는 포도청, 순청, 삼군문에게 순라하게 하여 물금첩을 가졌거나 공적인 이유가 있는 실상을 아는 경우에만 야금을 범해도 풀어주었고 그 외에는 모두 범야 행위로 처리하였다. 야금을 범한 시간에 따라 처벌도 달라, 『속대전續大典』에서는 초경과 5경에는 장 10대, 2경과 4경에는 장 20대, 3경에는 장 30대로 규정하였고, 『대명률大明律』에서는 초경과 5경에는 태 30대, 2경과 4경에는 태 40대, 3경에는 태 50대로 규정하였다.

범야인의 처리 과정도 달라 조정의 관료가 야금을 범했을 경우는 의금부로 이송해 처벌했다. 유학幼學은 형조로 이송한 후 왕에게 계를 올려 이들의 처벌을 허락받았다.[21] 영조의 경우 야금을 위반한 유학 한덕운, 통덕랑 구수민, 이익천 등에게 중형을 부과하였다. 선비로서 독서를 하지 않을 뿐 아니라 유의儒衣도 입지 않은 채

16
『비변사등록』 188책, 정조 22년 9월 10일.

17
『비변사등록』 188책, 정조 22년 9월 13일.

18
『승정원일기』 558책, 경종 3년 9월 16일.

19
『일성록』 정조 5년 정월 16일.

20
『비변사등록』 154책, 영조 46년 5월 27일.

21
『승정원일기』 1333책, 영조 48년 12월 12일.

멋대로 밤에 돌아다닌 한덕운과 구수민을 유생의 명부인 유안儒案에서 제명하고 충청도로 유배 보냈으며, 이익천은 청주목에서 군역에 복무케 하였다.[22] 한량閑良이나 산직散職의 과거급제자인 경우에는 병조로 이송했으며, 승정원과 액정서의 하인인 원례나 액례掖隷, 내관은 먼저 왕에게 보고한 후 처벌하였다. 특히 액례의 경우 홍의紅衣만 입도록 규정했기 때문에 홍의를 벗고 백의白衣를 입은 채 야금을 어기면 바로 훈련도감으로 이송해 곤장을 때렸다.[23] 내관은 왕의 허락을 받은 후 내시부에서 처벌하였다.

사헌부, 사간원, 홍문관의 하례들이 야금을 어긴 경우에는 그들이 어긴 범야시간대의 처벌 외에 추가로 곤장을 가한 후 형조로 이송하였다. 특히 사헌부의 이례吏隷가 야간 통행금지를 어긴 경우는 입직한 감찰을 정배定配하고, 범한 자는 엄하게 형벌을 가한 후 정배하였다. 왕실소속 궁방의 노비들이 그들의 상전의 위세를 믿고 야금을 범했을 경우에는 중죄의 형벌을 부과하였다. 더욱이 궁방宮房 노비들이 창기를 끼고 야금을 어길 경우는 하루에 두 차례씩 엄형을 가해 10차례에 이르면 먼 지방으로 보내 노역을 하는 고역군苦役軍을 시켰다.[24]

『일성록日省錄』에서 파악한 정조, 순조대 범야인들을 살펴보면 액례를 비롯하여 유생, 출신, 내관, 원례, 수복, 겸종까지 다양하게 나타났다. 그 가운데 별감이 가장 많이 야금을 어기고 있었다. 범야인들은 대부분 음주로 인해 통행 금지시간을 위반하였다. 구체적인 사례를 보면 영조대 무예별감 이상기, 주영준, 호위청 군관 김태서는 야금을 범했을 뿐 아니라 술에 취해 길거리에서 싸움을 벌여 나졸들이 모두 잡아 왔다.[25] 대전별감 김영원 또한 술에 취해 야금으로 잡으려는 순라 군관의 머리를 돌로 난타하였다.[26] 정조대 무예별감 윤장수는 백의를 입고 술에 취한 채 노상에 누워있어 야금을 규제하는 군관들에게 체포되었다.[27]

범야인을 체포하는 과정에서 군관들은 폭행을 당하기도 하였다. 1751년(영조27) 야금을 범한 한잡인閑雜人과 겸종傔從을 체포하려 하자 이들이 무뢰배와 함께 칼을 빼어 별군관을 구타하여 중상을 입혔으며,[28] 1824년(순조24) 금군 성익원은 야금을 범하여 어영청 순라에 잡히자 무뢰배와 작당하고 나졸을 구타하였다.[29] 1825년(순조25)에는 훈련도감의 나졸이 서부 반석방 대현 근처에서 범야인 3명을 붙잡았는데, 이들이 도리어 나졸을 결박하고 난타하여 사경에 이르게 하였다.[30]

심지어 범야인 동료들이 군관에게 폭력을 행하고 범야인을 빼앗아 오기도 하였다. 1741년(영조17) 별감과 세악수細樂手가 야금을 위반하여 패장에게 체포되었다. 그러나 별감은 공무로 인해 야금을 범했다고 하여 풀어주고 세악수만 구류하자 별감 무리가 좌경인을 구타하고 세악수를 빼앗아 가는 일이 발생하였다.[31] 1798년(정조22)에는 금군 하한도가 야금을 범하여 붙잡히자, 금군청 서원 박창엽이 순졸을 구타하고 그를 데려 오기도 하였다.[32] 이처럼 조선후기에 이르면 야금을 범하고서 체포에 저항하거나 군관을 구타하고, 범야인을 탈취하는 자가 증가하자 국가는 이들을 『대명률』 야금조에 의거하여 장 100대에 처하였다.[33]

한편 범야인의 소속관사와 야금을 금지하는 포도청, 순청, 삼군영과 갈등이 발생하기도 했는데, 특히 액례, 원례, 겸종 등을 범야인으로 잡았을 경우 더욱 심하였다. 범야인이 액정서의 별감일 경우 순라를 맡았던 패장이 이들의 체포 경위를 병조에 보고하면

22
『승정원일기』 1197책, 영조 37년 9월 26일.

23
『만기요람』 군정편 2, 순라 야행조.

24
『형전사목刑典事目』, 「수교사목受敎事目」.

25
『승정원일기』 587책, 영조 원년 2월 18일.

26
『승정원일기』 600책, 영조 원년 9월 12일.

27
『일성록』 정조 7년 5월 22일.

28
『승정원일기』 1064책, 영조 27년 정월 18일.

29
『승정원일기』 2183책, 순조 24년 9월 7일.

30
『승정원일기』 2191책, 순조 25년 5월 12일.

31
『승정원일기』 936책, 영조 17년 9월 25일.

32
『승정원일기』 1801책, 정조 22년 12월 5일.

33
『승정원일기』 247책, 숙종 원년 6월 6일; 『승정원일기』 1392책, 정조 즉위년 12월 12일; 『승정원일기』 1801책, 정조 22년 12월 11일.

병조는 왕에게 계품啓稟하여 이에 따라 처리하는 것이 전례였다. 액례는 액정서 소속의 하례로, 대전, 왕비전, 세자궁, 세손궁에 소속되어 왕의 관리와 통제를 받는 하급관리였다. 따라서 액례와 관계된 일은 반드시 사소한 일이라도 왕에게 아뢰고 나서 승정원에 올리는 것이 항식이었으며, 이를 어긴 관리는 오히려 처벌을 받았다.[34] 원례 또한 마찬가지였다. 순라군이 원례를 범야인으로 체포하자 이에 화가 난 승정원에서 순청의 서원과 군사를 붙잡아다가 태를 치기도 하였다.[35]

이처럼 포도청, 순청의 경우 야금을 범한 사람을 제어하는 것이 임무임에도 불구하고 오히려 그로 인해 상사로부터 태를 맞는 사례가 많았다. 포도청이나 순청은 법전의 규정대로 물금첩을 가지고 있지 않은 모든 범야자를 붙잡아 구속하였다. 하지만 나졸이라는 직임이 힘이 없기 때문에 오히려 상급 관사로부터 욕을 먹는 경우가 많았다.

특히 겸종을 야금으로 붙잡았을 때는 더욱 심하였다. 대신이나 종친의 겸종을 야금으로 잡으면, 대신, 종친이 자신에게 보고하지 않은 것에 노하여 나장을 잡아다가 곤장을 치기도 하였다.[36] 영조대에는 도위都尉의 겸종이 금위영의 순라군에게 잡혀 범야죄로 처벌되자 도위가 화를 내며 군교의 처를 가두기도 하였다.[37] 또한 종친의 아들이 야금을 어겨 붙잡혔으나 군교가 이를 파악하고 석방했음에도 종친이 궁노를 보내어 군교의 첩을 결박하여 잡아가두고 내주지 않기도 하였다.[38] 명관名官의 하인이 야간 순라에 붙잡혀서 처벌을 받자, 명관이 승정원에서 패를 내어 포교捕校의 어머니와 처를 잡아 가두는 일도 있었다.[39]

이와 같이 조선후기에 이르면 패장들이 군사들을 거느리고 야금을 엄히 하려고 상사의 하례나 겸종을 검거하면 반드시 상사에서 순라를 나간 패장을 불러 곤장을 쳤다. 상사 소속과 권세가의 하인들 또한 자기 동료가 붙잡힌 것에 분노해 무리지어 포교나 순라군을 구타하였다. 심지어는 위의 사례처럼 순라하는 관원을 구타하고, 그의 처와 가족들을 가두었으므로 포도부장이나 패장의 직임을 꺼리는 현상이 나타났다.

따라서 정부에서는 액례나 상사 소속 하례의 범야를 더욱 강하게 처벌하고자 하였다. 이들이 야금을 범했을 때 포도청, 순청에서 반드시 그 소속 관사에게 보고하는 진래進來의 절차를 거쳐야 하는데, 이를 생략하고, 직접 해당 군문에서 법에 따라 곤장형을 집행하도록 하였다.[40] 더욱이 각사에서 번번이 자기 관사의 소속을 비호하는 경향이 나타나 패장들은 겁을 먹고 선뜻 야금을 엄금하지 못하였다. 이에 병조에서는 야간 통행을 금하는 데 있어서 여러 상급 관사에서 패장이나 나졸을 추심하여 포착하는 일을 일절 금하기로 조례를 정하여 시행할 것을 건의하였다. 그리하여 경종은 의정부와 비변사를 제외한 각 관사에서의 패장 및 나졸 추포를 금지하였다.[41] 영조도 범야인이 아무리 상사 소속이고 대신의 하인이라 하더라도 먼저 곤장을 친 뒤에 나중에 계를 올리게 하여 야금에 대한 포도청, 순청의 권한을 강화하였다.[42]

이처럼 여러 상사의 소속, 겸종, 유생, 조사朝士 등이 야금으로 인해 순라군과의 갈등이 잦아지자, 정부에서는 이들의 범야 행위를 엄격히 규제함과 동시에 범야인을 체포하지 못한 순라군들을 처벌하였다. 영조는 순장巡將과 감군을 잡아들여서 야간 순라 때에 유생과 조사들을 체포하지 못한 죄를 꾸짖어 처벌하였고, 야금을 범한 사람은 모두 곤장을 가하여 군역에 충정充定하였다. 아울러 사대부는 잡지 않고 양인만을 잡은 순라 군교를 처벌하였다.[43] 정조 또한 선전관을 보내 액례, 승정원의 원례, 상사의 하속

34
『정조실록』 권10, 정조 4년 11월 무자.

35
『승정원일기』 28책, 인조 7년 10월 30일 ; 『승정원일기』 856책, 영조 13년 9월 14일.

36
『숙종실록』 권56, 숙종 41년 6월 (신미).

37
『영조실록』 권42, 영조 12년 12월 (기묘).

38
『승정원일기』 837책, 영조 12년 11월 9일.

39
『승정원일기』 928책, 영조 17년 2월 5일.

40
『숙종실록』 권63, 숙종 45년 정월 (임인).

41
『비변사등록』 75책, 경종 4년 4월 13일.

42
『비변사등록』 105책, 영조 15년 9월 12일.

43
『영조실록』 권114, 영조 46년 윤5월 (무신).

등이 야금의 금령을 어기고 도성을 횡행하는 자를 붙잡아 결박해 올 것을 지시하기도 하였다.[44]

조선시대 야금제도는 태종대 이미 실시되어 1895년(고종 32) 인정, 파루제도가 폐지될 때까지 시행되었다. 야금은 한성부 내 야간 치안 활동의 기본이 되는 제도로, 국가는 비상상황의 규찰, 폭력 방지, 도적 예방 등 국가 안보를 비롯하여 사회질서 확립 및 치안 유지라는 명분 아래 야간 시 개인의 활동을 통제하였다. 이러한 한성부의 야금은 광활한 도성 밖보다는 도성 안에 집중되었다. 도성 밖의 순라는 항시적이 아닌 임의적 성격이 강해 야금의 신칙이 불가했으며, 경작처가 많은 지역적 특성상 야금을 시행하면 농민의 왕래에 방해가 되는 난점이 있었기 때문이다. 조선후기의 경우 도성 밖 치안체계를 정비하고 있지만, 여전히 도성 안에 집중되는 상황인데 야금 또한 마찬가지였다.

앞서 살펴본 바와 같이 조선시대 야금제는 운영상의 문제를 드러내기도 했지만, 치안 유지를 목적으로 국가가 도시를 안정화하기 위해 실시한 제도적 장치였다. 야금을 통한 도성민의 야간 활동 금지는 절대군주의 강력한 권력을 이용, 야간의 문란한 행동을 방지하여 도시 질서를 유지하는 도시 통제 방식이었다. 조선시기 범죄 관련 사항을 기록한 『일성록』이나 『추조결옥록秋曹決獄錄』에 범야자에 대한 기록과 처벌이 제시되어 있을 정도로 경범죄의 형태이지만 야금을 단속하여 백성을 통제하려는 국가의 의지는 강하였다. 이러한 조선시대 야금제는 1895년에 폐지되었지만, 미 군정기에 재차 시행되어 1982년 폐지될 때까지 개인 활동의 자유가 보장된 현대 시민들의 행동을 제한하는 주요한 동력을 제공하였다.

44
『일성록』 정조 2년 11월 19일.

참고 문헌

- 유승희, 『통제된 시간과 공간』, 세창출판사, 2017.
- 손정목, 「통행금지제도」, 『조선시대도시사회연구』, 일지사, 1977.
- 정연식, 「조선시대의 시간과 일상생활-시간의 앎과 알림-」『역사와현실』 37, 2000.
- 유승희, 「17~18세기 야금제의 운영과 범야자犯夜者의 실태-한성부를 중심으로-」, 『역사와 경계』 87, 2013.
- 차인배, 「조선후기 포도청의 야순활동과 야금정책의 변통」『한국학연구』 39, 2015.

부록

Appendix

보신각 연표

종각 상량문

보신각 연표
Timeline for Bosingak Belfry

1395 태조 4
운종가에 종루 건설.

1398 태조 7
4월, 광주에서 주조한 종을 종루에 걺.
윤5월 10일 종루에 경루 설치.

1413 태종 13
2월, 청운교에 있는 종루를
광통교 북쪽으로 이전.

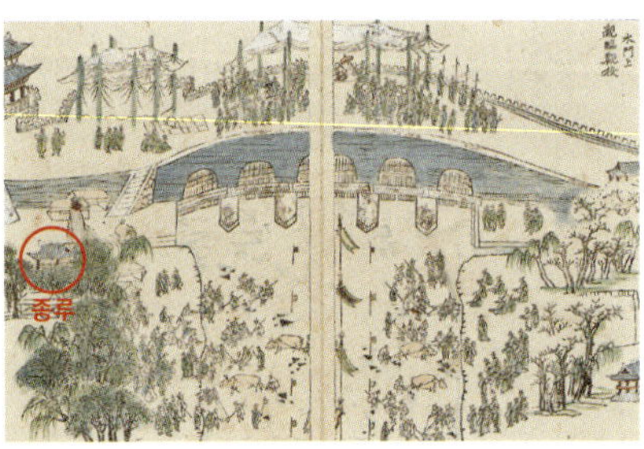

〈수문상친림관역도〉, 《준천계첩》, 1760년

1592 선조 25
임진왜란으로 종루와 종 소실.

1619 광해군 11
종루를 종각으로 짓고,
원각사 종을 옮겨 걺.

1637 인조 15
종각조성소를 설치하여 중건.

옛 보신각종(보물)

현 보신각종

1869 고종 6
9월 화재로 종각 소실 후, 10월 29일 중건.

1884 고종 21
정오, 인정, 파루 때 종을 치는 대신
대포 쏘는 것으로 바뀜.

1895 고종 22
3월, 종각에 보신각이라는 현판을 닮.
9월, 인정과 파루 제도 폐지.

1915
도로확장사업으로 보신각 위치 이전.
공사 중 척화비와 보신각 상량문 발견.

보신각 이전공사
매일신보(1915.08.12)

1919
3월 1일 탑골공원에 모인 군중들이
보신각 앞으로 행진함.

3.1독립운동기념터(보신각앞) 표지석

1928
종로의 중앙번영회에서 조선인 상점 개폐시간에 보신각종 타종을 제안했으나, 조선총독부에서 불허.

1930
보신각 앞에서 〈시時의 기념일〉 선전.

1932
경성방송국에서 12월 31일 보신각종 타종을 조선총독부에 신청했으나, 불허함.

1934
조선총독부 제430호로, 보신각종을 보물 제3호 지정.

1950
한국전쟁으로 보신각 건물 전소.

불타버린 종로 보신각, 임인식 촬영, 1950년

1953
12월 10일 보신각 재건.

1962
11월, 보신각종 보물 제2호 지정.

1970
보신각 울타리 안에 지하철 수준점 설치.

1972
지하철 1호선 공사 중, 세종대의 보신각 주춧돌과 장대석 발견.

1979
보신각을 중층 누각으로 중건.

현 보신각

1979
보신각종 균열 발견.

보신각 새 종 중주 모금, 1984년, 서울기록원

1985
8월 2일, 옛 보신각종 국립중앙박물관 이전.
8월 새 보신각종 일반 공개.

보신각 새 종 수송, 1985년, 서울기록원

2011
옛 보신각 주춧돌과 장대석 서울역사박물관으로 이전.

보신각 주춧돌, 서울역사박물관

종각 상량문

번역 김 태 진

鐘閣上樑文

伏以. 軒皇占曆象而造律呂, 陰陽六氣之所由調. 唐宗節漏刻而置點鐘, 昏明中星之以爲候. 矧我家洪休之丕紹, 乃今日華搆之重新. 粤自神京定鼎之初, 蓋有通衢懸鐘之制. 頌聖祖丕顯哉烈, 相臣獻銘. 啓後人無疆惟休, 上都作鎭. 小者不窕, 大者不𢶒, 按古度於九乳兩欒. 近之則亮, 遠之則彰, 振洪音於千石一簴. 第玆器必備軆用, 而其聲以警晨昏. 更鼓之前後不差, 都人以之作息. 點籌之多少有節, 國門從而開閉. 金吾申禁於干掫, 義蓋取豫象之擊柝. 銅儀自協於測管, 事則倣周官之挈壺. 猗歟五百年傳授以來, 賴明神而守護. 屹然六七達康莊之上, 建高閣而奔藏. 頃於市肆之致鬱攸, 奈是宲桷之有成毁. 火偶延於比屋, 殆亦氣數使然. 金自躍於洪爐, 若有造物者相. 伏惟我聖上, 化捷桴鼓, 治歸笙鏞. 虞殿璇衡, 對天時而凞庶績. 夏府匀石, 法祖宗而率舊章. 闡弘謨於肯堂, 圖重營於是閣. 鯨魚蒲牢之西京寶鑄, 非無光化門特懸. 翬鳥飛革之斯干美規, 克追肅宗朝故事. 拓舊址而土圭正直, 揆以定星. 聳層楹而金碧玲瓏, 成之不日. 於是, 鳧氏奏侈弇之響, 鼉更應早晏之期. 曉星初橫, 漏欲罷於九陌. 夕烽齊擧, 人皆定於千門. 峙鱗筍而連紆, 傳之若序西弘璧序東琬琰. 奮龍柄而洪暢, 制則異堂上玉磬堂下管𥵾. 常以時候之, 不可無乎一日. 美哉國寶也, 惟欲至于萬年. 爲答磤訇之音, 玆效輪奐之頌.

兒郎偉抛樑東, 咫尺蓬萊瑞靄紅, 五夜一聲開萬戶, 千宮瑲珮動花風.
兒郎偉抛樑西, 鞍山烽影暮煙低, 九街人靜香塵宿, 月上宮門下鑰齊.
兒郎偉抛樑南, 平臨紫閣繞祥嵐, 朝朝暮暮聲相應, 二十八兼三十三.
兒郎偉抛樑北, 淑氣蔥蘢環紫極, 勒以洪功垂景休, 長留重器鎭京國.
兒郎偉抛樑上, 朱甍遠控山河壯, 雲門大呂製新章, 法樂聲中移彩仗.
兒郎偉抛樑下, 萬家霧列魚鱗瓦, 聲聲欲和景星歌, 同我在朝而在野.

伏願上樑之後, 榱題梁翬, 虡業增輝. 雄聲遠揚於中街, 數叶上天列宿. 宏器復整於大廈, 重如北嶽南山. 皷民物之和, 而和氣盈於天地, 鳴國家之盛, 而盛運回於泰磐. 上護軍 鄭基世製.

종각 상량문[1]

삼가 아룁니다. 헌황(軒皇)[2]이 역상(曆象)[3]을 점쳐 율려(律呂)를 만들게 하여[4] 음양(陰陽)과 육기(六氣)[5]가 이로 인해 조화롭게 되었고, 당종(唐宗)[6]이 누각(漏刻)[7]을 조절해서 점종(點鐘)[8]을 설치하여 혼명(昏明)[9]과 중성(中星)[10]을 살피는 것으로 정하였습니다. 하물며 우리 조선은 큰 복을 성대하게 이어 지금 화려하게 중건(重建)하게 되었습니다.

나라를 세워 도읍을 정한[11] 처음부터 큰 길에 종을 매다는 제도[12]가 있어 왔습니다. 열성조의 뛰어난 업적 칭송하려 상신(相臣)이 명(銘)을 바치었고[13] 후손들의 끝없는 복을 열기 위해 한양에 진(鎭)을 만들었습니다.[14] 작은 소리는 가늘지 않고 큰 소리는 굵지 않으니[15] 양란(兩欒)의 구유종(九乳鐘)[16]의 옛 법도에 의거했고, 가까이는 선명하게 들리고 멀리서도 뚜렷하게 들리니 하나의 틀에 매단 천석(千石鐘)처럼 큰 소리가 진동합니다.

이 종은 체용(體用)을 완전히 갖추었으니, 그 소리로 아침저녁 시간을 일깨워 알립니다. 경고(更鼓)[17]의 전후에 어긋남이 없으니 도성의 사람들 이로써 일하고 쉬며, 점주(占籌)[18]가 매우 절도 있어서 도성의 문들을 이에 따라 열고 닫습니다. 금오(金吾)[19]에선 야경꾼[20]을 엄히 신칙하니 그 뜻은《주역》의 격탁에서 취했고[21], 동의(銅儀)[22]는 측량에 절로 맞으니 그 일은《주관》의 설호(挈壺)[23]를 본떴습니다. 훌륭합니다. 5백년을 전해오면서 천지신명에 의지해 지켜 왔고, 우뚝합니다. 사통팔달의 드넓은 거리에 높은 누각 세워 보관했습니다.

지난번 저자거리에서 난 불이 여기까지 번져서 들보와 서까래가 무너지니 어찌할 수 없었습니다.[24] 불은 뜻밖에 마을로 번졌으니 아마도 운수가 그렇게 시킨 것 같고, 쇠가 큰 화로에서 스스로 펄펄 뛰듯 하니 마치 조물주가 도운 듯했습니다.[25]

삼가 바라건대, 우리 임금께서는 교화는 북채로 북을 치는 것보다 빠르고[26] 치세의 기틀은 생황 대종으로 단장하였습니다.[27] 순임금 궁전의 선기옥형[28]은 천시(天時)에 잘 맞아 여러 업적 빛냈고, 하부(夏府)[29]의 균석[30]은 조종(祖宗)을 본받고 옛 법도를 따랐습니다. 선왕 유지 받들이[31] 큰 꾀를 내어 이 종각 중건할 것을 도모하였습니다.

서경(西京)의 보배로운 주물(鑄物)인 경어(鯨魚)와 포뢰(蒲牢)[32]는 광화문의 특현(特懸)[33]과 다름이 없고 사간(斯干)[34]의 아름다운 규모를 담은 휘조(翬鳥)와 비혁(飛革)[35]은 숙종조의 전례를 잘 따랐습니다.[36] 옛터를 넓혀 토규(土圭)[37]로써 반듯하게 하고 정성(定星)[38]으로 헤아렸으며, 층진 지붕을 높게 하고 단청을 영롱하게 하니 며칠되지 않아 완성하였습니다.

이에 부씨(鳧氏)[39]가 종이 잘 만들어졌는지 연주해 보니 경고(更鼓) 소리[40]가 이른지 늦은지 시간에 잘 부합했습니다. 새벽별 처음 떴을 때 파루(罷漏)[41] 소리 한양 거리 통행을 열고 저녁 봉화 오를 때 인정(人定)[42] 소리 집집마다 통행을 금합니다.

높다란 순(筍)[43]과 이어져 있어 마치 서서(序西)[44]의 홍벽(弘璧)과 서동(序東)의 완염(琬琰)[45]과 같다고 말들하고, 우뚝한 용뉴(龍鈕)[46]는 크고도 화려해 그 제도는 당상악(堂上樂)의 옥경, 당하악(堂下樂)의 관도(管鼗)[47]와는 다릅니다.

늘 이로써 시간을 알려주어 하루라도 없어서는 안 되니, 아름답습니다, 나라의 보배여. 만년토록 전해지기를 원합니다. 우레같은 소리에 보답하고자 윤환(輪奐)[48]의 송(頌)을 바칩니다.

여보게들 들보 동쪽에 떡을 던지세나.[49] / 兒郞偉抛樑東
지척의 봉래산은[50] 상서로운 안개로 붉구나. / 咫尺蓬萊瑞靄紅
오야(五夜)[51] 종소리 만호(萬戶)를 열게 하며 / 五夜一聲開萬戶
천궁의 창패(瑲珮) 소리는 꽃바람 일으키네. / 千宮瑲珮動花風

여보게들 들보 서쪽에 떡을 던지세나. / 兒郞偉抛樑西
안산(鞍山)[52]의 봉홧불 그림자에 저물녘 연기 깔리네. / 鞍山烽影暮煙低
번화한 거리 인적 고요해 향진(香塵)이 사그라들고 / 九街人靜香塵宿
달 위의 궁궐 대문엔 일제히 자물쇠가 내려졌네. / 月上宮門下鑰齊

여보게들 들보 남쪽에 떡을 던지세나. / 兒郞偉抛樑南
마주한 자각(紫閣)[53] 바라보니 상서로운 이내가 감쌌네. / 平臨紫閣繞祥嵐
아침저녁으로 종소리 저기서도 들리리니[54] / 朝朝暮暮聲相應
28번 종을 치고 33번 종을 울리리라.[55] / 二十八兼三十三

여보게들 들보 북쪽에 떡을 던지세나. / 兒郞偉抛樑北
맑고 기운 무성하게 자극성[56] 둘러쌌네. / 淑氣蔥蘢環紫極
큰 공적을 종에 새겨 커다란 복 드리우리니 / 勒以洪功垂景休
소중한 물건 도읍에 오래도록 자리하기를. / 長留重器鎭京國

여보게들 들보 위에 떡을 던지세나. / 兒郞偉抛樑上
붉은 용마루 멀리서 산하의 장대함을 끌어오네. / 朱甍遠控山河壯
운문(雲門)과 대려(大呂)[57]의 새로운 곡조 지어 / 雲門大呂製新章
법악(法樂)[58]의 소리에 화려한 의장 옮겨오네. / 法樂聲中移彩仗

여보게들 들보 아래에 떡을 던지세나. / 兒郞偉抛樑下
만가(萬家) 늘어선 기와집에 안개 끼었네. / 萬家霧列魚鱗瓦
소리마다 경성가(景星歌)[59]에 화답하려니 / 聲聲欲和景星歌
조정에 있든 재야에 있든 마찬가지라네. / 同我在朝而在野

삼가 엎드려 바랍니다. 상량한 이후에는 서까래는 더욱 공고해지고 거업(虡業)[60]은 더욱 빛을 발하리라. 웅장한 소리 한길까지 멀리 드날리니, 하늘 위 늘어선 별에까지 울리리라. 커다란 종 다시 건물에 정돈되니, 무겁기가 북악(北嶽)과 남산(南山)같네. 백성들의 화합을 고무하여 화기가 천지에 가득하고 국가의 융성을 드날려 성대한 운세 태반에 돌아오게 하리라.[61] 상호군 정기세[62]가 짓다.

1) 종각상량문 : 《승정원일기》에 따르면, 고종 6년(1869년) 9월 4일에 종각 인근 점포에서 난 불이 종각까지 번졌다는 기사가 보이고, 그해 10월 29일에 종각을 짓는 일을 마무리지었다는 기사도 보이며, 고종 9년(1872년) 9월 16일에 종각상량문의 제술관인 광주 유수 정기세에게 표피 1령을 하사하라는 임금의 명이 있었다는 기사도 보임. 이를 종합할 때 정기세가 지은 이 종각상량문은 고종 6년인 10월 29일 직전에 지어진 것으로 추측됨.

2) 헌황(軒皇) : 중국의 전설상의 인물인 황제(黃帝) 헌원씨(軒轅氏)를 가리킴. 그는 인간에게 필요한 모든 도구를 만든 발명의 신으로 알려짐. 헌원씨가 물방울이 떨어지는 것을 보고 기구를 만들어서 밤낮으로 나누었다고 함.《淵鑑類函 권369 漏刻》

3) 역상(曆象) : 역은 천체의 운행을 살펴 책력으로 기록하는 것을, 상은 천체의 운행을 기구로 관찰하는 것을 말함.

4) 율려(律呂)를 만드니 : 헌황은 황제(黃帝) 헌원씨(軒轅氏)로, 그의 치세에 천지의 기운이 조화되어 풍기(風氣)가 정대하였기 때문에 이에 맞추어 영륜(伶倫)으로 하여금 12율려(律呂)를 만들게 하였다는 고사가 전함. 《한서(漢書)》 권21 〈율력지律曆志〉 참고. 또 율려는 옛날에 악률(樂律)을 정하는 기구(器具)인데, 전하여 악률을 가리키는 말로도 쓰임. 대나무 또는 금속으로 직경이 동일한 12개의 관(管)을 만들고, 그 길이를 달리하여 성음(聲音)의 청탁(淸濁)과 고하(高下)를 구분됨. 저음(低音)의 관부터 홀수의 여섯 개 관이 율(律)이 되고 짝수의 여섯 개 관이 여(呂)가 되며 이를 합해 12음이 됨.

5) 음양(陰陽)과 육기(六氣) : 음양은 다양하게 정의되지만 여기서는 태양과 달을 의미하는 것 같고, 육기는 풍(風) · 열(熱) · 화(火) · 습(濕) · 조(燥) · 한(寒)을 가리킴.

6) 당종(唐宗) : 당나라 태종인 듯함.

7) 누각(漏刻) : 물시계를 가리킴.

8) 점종(點鐘) : 시간을 알리는 종을 가리킴. 점종(點鐘)은 일경(一更)을 다섯으로 나눈 것을 점(點)이라고 하고 이때마다 종(鐘)을 쳐서 시간을 알려는 것을 말함. 결국 누각의 제도를 개선하여, 점종을 만들었다는 의미임.

9) 혼명(昏明) : 일출 이전의 박(薄)과 일몰 이후의 명(明)이 진행되는 각 2.5각(刻), 즉 250분(分)의 시간을 가리킴.

10) 중성(中星) : 28수(宿) 중에서 해가 질 때와 뜰 때 정남(正南)쪽에 보이는 별을 말함.

11) 도읍을 정한 : 원문의 신경(神京)은 도읍을 뜻하고, 정정(定鼎)은 도읍을 정함을 말함.

12) 큰 길에 종을 매단 제도 : 번화한 큰 거리에 종을 매달아 시간을 알린 것을 말함.

13) 열성조의 ~ 명(銘)을 바치고 : 조선 초기 권근(權近)의 〈주종명 병서(鑄鐘銘幷序)〉를 가리키는 듯함. 《동문선(東文選)》에 글이 실려 있음. 권근은 그 글에서, '새 왕조의 개국이라는 큰 공업을 후세에 전하고, 아름다운 종소리를 들을 때마다 후세 사람들의 이목을 깨우치게 하며, 넓은 도시와 큰 고을에서 새벽과 저녁에 종을 쳐서 백성들의 일하고 쉬는 시각을 엄하게 하니 종의 용도가 다양하다' 고 함.

14) 한양에 진(鎭)을 만들었습니다. : 원문의 상도(上都)는 수도를 가리키고, 진(鎭)은 가득 채워 넣어진 금속, 누름쇠의 뜻하는데, 여기서 '나라를 진정시키다' 의 의미가 내포됨. 결국 한양에 이 종소리가 진동하게 되었다는 뜻인 듯함.

15) 작은 소리는 ~ 않으니 : 원문의 '조화(窕槬)' 는 크고 작은 악기 소리가 잘 조화됨을 말함. 《춘추좌씨전》 소공(昭公) 21년에 "작은 악기의 소리가 너무 가늘지 않고 큰 악기의 소리가 너무 굵지 않으면 여러 악기의 소리와 조화를 이룬다.〔小者不窕, 大者不槬, 則和於物.〕"라고 함. 따라서 여기서는 알맞은 종소리를 뜻함.

16) 양란(兩欒)의 구유종(九乳鐘) : 양란은 선(銑)이라는 주석이 있는데, 종의 아가리의 양쪽 모서리를 말함. 구유종은 종을 전문적으로 이르는 이름. 혹은 종의 위쪽에 사마귀가 난 것처럼 돌출되어 있는 아홉 개의 돌기물을 이름.

17) 경고(更鼓) : 밤을 오경으로 나누어, 매 경마다 북을 치는 것을 말함.

18) 점주(點籌) : 밤을 오경으로 나누고 다시 매 경을 다섯 점으로 나누었는데, 그때 점을 가리키는 산대(살대)를 말함.

19) 금오(金吾) : 의금부(義禁府)를 말함.

20) 야경꾼 : 원문의 '간추(干掫)' 는 밤사이에 화재나 범죄가 없도록 살피고 지키는 야경꾼을 말함.

21) 《주역》의 격탁에서 취했고 : 원문의 '희상(羲象)' 은 《주역》을 말함. 《주역》 〈계사전 하(繫辭傳下)〉에 "문을 이중으로 하고 딱따기를 쳐서 포악한 나그네를 대비하였다.〔重門擊柝 以待暴客〕"라고 하였는데, 문을 겹겹이 세워 단속을 엄히 하고, 딱따기를 치며 야경을 돌아 경계를 엄중히 하는 것을 이른 말임.

22) 동의(銅儀) : 혼천의를 말함.

23) 주관의 설호(挈壺) : 《주관》은 곧 《주례》를 말한다. 설호의 직책은 시각(時刻)에 따라 북을 치는 것으로 시각을 알리는 것임.

24) 지난번 ~ 없었습니다. : 1869년 고종 6년 9월 4일에 난 종각의 화재 및 개축 지시를 말함. 《승정원일기》 9월 4일 기사 참고.

25) 쇠가 큰 화로에서 ~ 도운 듯했습니다. : 원문의 '홍로(洪爐)'는 대로(大鑪)와 같은 말로, 만물을 만들어내는 큰 용광로라는 말인데, 천지(天地) · 조물(造物) 등에 비유하여 씀. '대로'는《장자(莊子)》〈대종사(大宗師)〉에 나옴. "지금 대장장이가 쇠를 녹이는데, 쇠가 펄펄 뛰면서 '나는 반드시 막야검(鏌鋣劍)이 되겠다.' 고 한다면 대장장이는 반드시 그것을 상서롭지 못한 쇠로 여길 것이다. 또 지금 누가 사람의 모습을 지녔다 해서 '나는 반드시 사람이 되어야 한다.' 고 한다면 조화옹(造化翁)도 반드시 그를 상서롭지 못한 사람으로 여길 것이다. 그러니 지금 한결같이 천지(天地)를 큰 용광로로 삼고 조화옹을 큰 대장장이로 삼는다면 어디에 간들 안 될 것이 있겠는가.[今大冶鑄金, 金踊躍曰: "我且必為鏌鋣." 大冶必以為不祥之金. 今一犯人之形而曰: "人耳人耳." 夫造化者必以為不祥之人. 今一以天地為大鑪, 以造化為大冶, 惡乎往而不可哉?]"라고 한 데서 온 말임. 결국 시전에서 번진 화재로 종각이 무너지고 다시 종각을 중건하게 된 것도 조물주의 섭리라는 뜻으로 한 말인 듯함.

26) 교화는 ~ 빠르고 : 《논어집주》〈자장(子張)〉에 "선생님이 나라를 얻게 된다면 이른바 세우면 바로 서고 인도하면 바로 행해지며 편안히 하면 바로 오고 감동하면 바로 교화된다. 그 살아 있을 때는 영광스럽게 여기고 죽을 때는 슬퍼하니, 어떻게 따를 수 있겠는가?[夫子之得邦家者, 所謂立之斯立, 道之斯行, 綏之斯來, 動之斯和, 其生也榮, 其死也哀, 如之何其可及也.]"라는 구절의 주희(朱熹) 주에, "부자께서 나라를 얻는다면 여러 백성들을 고무시킴이 북채로 북을 두드림과 그림자와 메아리보다도 빠를 것이다.[夫子之得邦家者, 其鼓舞群動, 捷於桴鼓影響.]"라고 했는데, 북채로 북을 두드리면 즉시 그 소리가 나듯 교화가 그처럼 빠르다는 말임.

27) 치세의 기틀은 ~ 단장하였습니다. : 생용은 생황과 큰 종으로 《서경》〈익직(益稷)〉에 순(舜) 임금 때의 악관(樂官)인 기(夔)의 말에 "생과 용을 번갈아 울리자 새와 짐승들이 서로 춤을 추고, 소소를 아홉 번 연주하자 봉황이 와서 춤을 추었습니다.[笙鏞以間, 鳥獸蹌蹌, 簫韶九成, 鳳凰來儀.]"라고 한 데서 온 말로 훌륭한 신하를 뜻함.

28) 옥형 : 원문의 '옥형(璿衡)'은 '선기옥형(璇璣玉衡)'의 준말로, 천문을 관측하기 위한 의기(儀器)임. 순(舜) 임금 때 만들어졌다고 함. 《서경》〈우서(虞書) 순전(舜典)〉에 "선기옥형을 살펴서 칠정을 가지런히 하였다.[在璿璣玉衡齊七政.]"라고 함.

29) 하부(夏府) : 원문의 '하부(夏府)'는 하나라 우왕의 창고를 가리킴.

30) 균석(匀石) : 관석(關石)과 화균(和匀)의 준말로 도량형(度量衡)을 통용하여 화평(和平)하게 함을 말함. 균(鈞)은 30근이고 석(石)은 120근으로, 무게 단위 중 가장 무거운 것임. 관석과 화균은 천하의 무게를 통일하기 위해 우(禹) 임금이 만든 것이라 한다. 《서경》〈오자지가(五子之歌)〉에, "관석과 화균이 왕부(王府 왕의 창고)에 있다." 하였다. 여기서는 균석의 양으로 만든 종을 말하는 듯함. 하나라 우왕의 창고에 균석이 있었다는 말임.

31) 선왕 유지 받들어 : 원문의 '긍당(肯堂)'은 '긍당긍구(肯堂肯構)'의 준말로, 자식이 아버지의 사업을 잘 계승 발전시키는 것을 비유함. 《서경》〈주서(周書) 대고(大誥)〉에 "아버지가 집을 지으려 작정하여 이미 그 규모를 정해놓았거늘, 그 자식이 기꺼이 당의 터도 만들려고 하지 않는데 하물며 기꺼이 집을 지으려 하겠는가.[若考作室, 既底法, 厥子乃不肯堂, 矧肯構?]"라고 하였는데, 여기에서 유래한 말임.

32) 경어(鯨魚)와 포뢰(蒲牢) : 경어는 종(鐘) 치는 나무인 종어(鐘魚)를 가리키는데, 그 모양이 마치 고래[鯨魚]와 같으므로 이렇게 일컫고, 포뢰는 바닷가에 사는 짐승 이름인데, 우는 소리가 몹시 크므로 뒤에는 종(鍾)의 별칭으로 쓰이게 됨.

33) 특현(特懸) : 예전에 벼슬이 사(士)인 사람의 대례나 대제 때에 대청 아래에서 연주하는 아악 편성 방법을 말하는데, 편종과 편경을 동쪽에서만 편성했다고 함.

34) 사간(斯干) : 《시경》의 편명으로 그 내용은 주나라 선왕(宣王)이 궁실을 지은 것을 노래하는 시임.

35) 휘조(翬鳥)와 비혁(飛革) : 춘추 시대 주(周)나라 선왕(宣王)이 즉위하여 무너진 궁실을 다시 짓고 낙성을 알리니, 사람들이 송축하여 읊기를 "새가 놀라 낯빛을 변함과 같으며, 꿩이 날아가는 것과 같으니, 군자가 올라가서 정사를 다스릴 곳이로다. 〔如鳥斯革, 如翬斯飛, 君子攸躋.〕"라고 한 구절이 있는데, 여기에서 글자를 엇갈리게 하여 만든 말임. 《시경(詩經)》〈사간(斯干)〉 참조.

36) 숙종조의 ~ 따랐습니다. : 종각은 1395년에 한양 중부(中部) 운종가(雲從街)에 건립하였고, 임진왜란 때에 전소되어 종각을 중건하고 종을 다시 주조함. 1685년 1월 9일에 종각에 화재가 나자 숙종은 사관(史官)을 보내어 살펴보게 하고, 3일 안에 중수하라고 명함. 1월 11일에 종각을 중수하자 숙종은 이를 기념하여 명문을 지음. 《숙종실록》 16권 숙종 11년 을축(1685) 1월 9일(기사)과 1월 11일(신미) 기사 참조. 또한 숙종이 지은 〈종각을 중건하고 지은 명문(鐘閣重建銘)〉《열성어제(列聖御製)》참조.

37) 토규(土圭) : 주(周) 나라 때에 땅의 깊이와 해의 그림자를 재던 기구를 말함.

38) 정성(定星) : 이십팔수(二十八宿)의 하나로 10월이 되면 초저녁에 이 별이 북쪽에 나타나는데, 이 때는 농한기여서 집을 지을 수 있다 하여 일명 영실성(營室星)이라고도 함. 1869년 고종 6년 운종가 일대에 대화재가 발생하여 종각은 시전 건물과 더불어 소실되어 그해 10월 29에 완전히 제 모습을 찾았다고 함.

39) 부씨(鳧氏) : 《주례(周禮)》〈동관고공기(冬官考工記)〉에 "부씨가 종을 만든다." 하였는데, 부씨는 종 만드는 일을 담당하던 관직명임.

40) 경고(更鼓) 소리 : 원문의 '악경(鼉更)'은 악어가 밤에 우는 소리와 밤에 시간을 알리는 북소리가 서로 비슷하기에 붙여진 것으로, 경고(更鼓), 즉 시간을 알리기 위해 치는 북과 같은 말임.

41) 파루(罷漏) : 조선 시대에, 새벽에 통행금지를 해제하기 위하여 종을 33번 치던 일을 말함.

42) 인정(人定) : 조선 시대에, 밤에 통행을 금지하기 위하여 종을 28번 치던 일을 말함.

43) 순(筍) : 순(筍)은 종을 매다는 틀로, 순(筍)은 물고기 비늘[鱗] 같은 것으로 꾸미기에 '인순(鱗筍)'이라고 한 것임.

44) 서서(序西) : 서서(序西)의 '서(序)'는 집의 동서(東西)에 있어 내외를 구별하는 담. 오늘날로 치면 가림막 같은 것임.

45) 홍벽(弘璧)과 완염(琬琰) : 옥으로 만든 진귀한 보물을 가리킴. 《서경》〈고명(顧命)〉에 "옥을 오중으로 하며 보물을 진열하니, 적도와 대훈과 홍벽과 완염은 서서에 있고 대옥과 이옥과 천구와 하도는 동서에 있다.[越玉五重, 陳寶, 赤刀大訓弘璧琬琰在西序, 大玉夷玉天球河圖在東序.]"라고 함.

46) 용뉴(龍鈕) : 원문 '용병(龍柄)'은 종 위쪽에 우뚝 솟아나 있는 부분을 말하는데, 보통 종의 꼭대기의 장식인 용뉴(龍鈕)를 가리킴.

47) 관도(管鼗) : 관은 관악기를 말하고, 도는 도고(鼗鼓)로 자루를 잡고 돌리면 양쪽에 단 구슬이 북면을 치도록 만든 작은 북임.

48) 윤환(輪奐) : 규모가 크고 아름답다는 뜻으로, 건물이 낙성된 것을 축하할 때 쓰는 상투적인 표현임.

49) 여보게들 ~ 던지세나. : 서사증(徐師曾, 1517~1580)의 《문체명변(文體明辯)》에 따르면, 건축물의 기본 골격이 완성된 뒤에 길일(吉日)을 골라 들보를 올리며 상량식을 하는데, 이때 음식을 마련하여 목수들을 대접함. 그러면 도목수가 대들보 위에 걸터앉아 만두 · 떡 등을 상 · 하 · 사방으로 던지며 '아랑위(兒郎偉)'로 시작하는 시를 읊으므로 그것을 '육위사(六偉詞)' 또는 '육위송(六偉頌)'이라함.

50) 지척의 봉래산 : 봉래산은 원래 전설상에서 신선들이 사는 곳이라고 하지만, 동서남북과 상하의 여섯 방위의 경치를 읊은 육위송의 내용을 볼 때, 여기의 봉래산은 한양의 동쪽에 있는 낙산(駱山)을 가리키는 듯함.

51) 오야(五夜) : 새벽 3시~5시 사이를 말함.

52) 안산(鞍山) : 현재 서울시 서대문구 소재의 안산(鞍山)을 말하는데, 산의 생김새가 소나 말 따위의 등에 얹는 길마[鞍]와 유사하다고 하여 붙여진 이름임.

53) 자각(紫閣) : 자각은 자각봉(紫閣峰), 즉 남산을 말함.

54) 아침저녁으로 ~ 들리리니 : 남산까지 종소리가 들린다는 의미인 듯함.

55) 28번 종을 치고 33번 종을 울리리라. : 저녁 10시에 통행을 금지하는 의미로 28번 종을 치는데 이를 인정(人定)이라 하고, 새벽 4시에 야간 통행 금지를 풀고 성문을 여는 의미로 33번 종을 치는데 이를 파루(罷漏)라고 함.

56) 자극성 : 자극성(紫極星)은 북극성(北極星)을 말함. 《논어》〈위정(爲政)〉에 "정사를 덕(德)으로 하는 것은 비유하면 북극성이 자리 잡고 있으면 여러 별이 그를 향하는 것과 같다.[爲政以德, 譬如北辰, 居其所而衆星共之]"라고 하였는데, 여기서는 임금이 있는 경복궁 혹은 경복궁 뒤편의 북악산을 가리키는 듯함.

57) 운문(雲門)과 대려(大呂) : 주나라에서 보존했던 여섯 왕조의 악무(樂舞) 중에 하나로, 황제(黃帝) 시대에 만들어진 것이라고 함. 천신(天神)에게 제사 지낼 적에 썼는데, 정현의 주에 의하면 '운문'이란 '그 덕이 구름이 나오는 것과 같음[其德如雲之所出]'을 의미한다고 함. 《주례(周禮)》〈춘관(春官)〉 대사악(大司樂) 참고. 대려는 곡조를 말함.

58) 법악(法樂) : 법악은 궁궐의 음악을 말함. 편경과 편종, 북과 피리 등 각종 악기로 연주하는 음악 또는 그와 같은 악기를 말함.

59) 경성가(景星歌) : 일반적으로 국가에 상서로운 징조가 나타나는 것을 표현할 때 경성경운(景星慶雲)이라는 말을 썼는데, 경성가란 좋은 징조를 드러내는 노래라는 뜻인 듯함.

60) 거업(虡業) : 종과 북을 매달아 거는, 나무로 만든 틀임. 여기에서의 '거업'은 종을 설치한 일을 말함.

61) 성대한 운세 ~ 하리라. : 태반은 태산반석(泰山盤石)으로, 여기에서는 나라의 운세가 태산과 반석처럼 안정될 것임을 말함.

62) 정기세(鄭基世) : 1814(순조 14) ~ 1884(고종 21). 조선 후기의 문신. 본관은 동래(東萊). 자는 성구(聖九), 호는 주계(周溪). 영의정 정원용(鄭元容)의 아들이며, 우의정 정범조(鄭範朝)의 아버지이다. 1837년(헌종 3) 정시(庭試)에 병과로 급제, 충청우도 암행어사를 거쳐, 응교 · 규장각직제학 · 이조참의를 지냄. 1853년(철종 4)강화도 조운의 원활한 수행을 위하여 강화유수에 임명되었다가 전라도관찰사 · 의정부좌참찬 · 예조판서를 지냄. 1862년 임술민란이 일어나자 판의금부사와 형조판서로서 이정청당상(釐整廳堂上)이 됨. 고종 즉위 후 더욱 중임되어 권강관(勸講官) · 병조판서 · 한성부좌윤 · 철종실록찬집당상 · 제학 · 우찬성을 역임하였고, 『대전회통』 편찬을 위한 교식찬집소(敎式纂集所) 교정당상(校正堂上)이 됨. 제술관(製述官)과 문서사관(文書寫官)에 몇 차례 임명되었던 것으로 보아 문장과 서예에 조예가 있었던 듯함. 고종 9년(1872년) 9월 16일에 종각상량문을 지은 공으로 당시 광주 유수로 있던 그에게 호랑이 가죽 1령을 하사하라는 임금의 명이 있었다는 기사가 《승전원일기》에 보임.

도판목록

List of Plates

001
조선성시도 朝鮮城市圖
Joseon seongsido (Map of Seoul)
1849년 | 64.8 × 86.2 | 서13172

002
준천계첩 濬川稧帖
Album of the Dredging Project
1760년경 | 24.0 × 35.5 | 서55223

003
종루 주춧돌 鍾樓礎石
Foundation Stones of Jongnu
조선 전기

004
보신각 普信閣
Bosingak Belfry

005
옛 보신각 동종 舊普信閣 銅鍾
Old Bronze Bell of Bosingak Belfry
1468년 | 높이 318, 입지름 228
국립중앙박물관

006
자격루 自擊漏
Jagyeongnu (Self-striking Water Clock)
복원품 | 국립고궁박물관

007
제가역상집 諸家曆象集
Jega yeoksangjip
(Collection of Calendrical and Astronomical Theories of Various Masters)
16세기 | 35.2 × 21.7 | 서40085

008
천문류초 天文類抄
Cheonmun ryucho
(Shapes of the Sky Grouped and Abstracted)
조선 말기 | 32.0 × 21.0 | 서35220

009
규일고 揆日考
Gyuilgo (Astronomical Book)
1850년 | 24.0 × 16.5 | 서35247

010
담헌서 湛軒書
Damheonseo (Collective Works of Hong Dae-yong)
1939년 | 26.0 × 16.6 | 서49213

011
홍대용 혼천시계 洪大容 渾天時計
Armillary Clock
by Hong Dae-yong (Restored)
복원품 | 전체 높이 95.7 | 국립중앙과학관

012
원구일영 圓球日影
Spherical Sundial (Restored)
복원품 | 높이 22.8 | 국립중앙과학관

013
해시계 仰釜日晷
Sundial
1869년 | 5.8 × 4.1 × 0.9 | 서2562

014
해시계 仰釜日晷
Sundial
조선 후기 | 23.2 × 31.2 × 7.3 | 서11751

015
해시계 仰釜日晷
Sundial
조선 후기 | 지름 11.5, 두께 1.6 | 서11768

016
해시계 量天尺
Sundial
19세기 | 7.5 × 2.3 × 0.6 | 서22044

017
선추 扇錘
Seonchu (Folding Fan Ornament)
19세기 | 전체길이 11.5 | 서9419

018
선추 扇錘
Seonchu (Folding Fan Ornament)
19세기 | 3.0 × 2.9 × 1.4 | 서2586

019
도성삼군문분계지도
都城三軍門分界之圖
Map of Three Military Garrisons
1751년 | 29.2 × 42.8
서울대학교 규장각한국학연구원

020
경국대전 經國大典
Gyeongguk daejeon (National Code)
1603년 | 37.2 × 21.0 | 서689

021
증보문헌비고 增補文獻備考
Jeungbo munheon bigo
(Revised and Enlarged Edition
of the Reference Compilation
of Documents on Korea)
1908년 | 26.5 × 17.5 | 서1336

022
춘추관 문서 春秋館 文書
Chunchugwan's Document to
Yi Do-jang
1637년 | 54.3 × 73.0 | 서15141

023
목제 부험 木製符驗
Wooden Night Pass
조선 | 18.8 × 7.3 | 국립고궁박물관

024
야간순찰패 巡將牌
Tags of Night Patrol Officers
조선 | 지름 10.5 | 국립고궁박물관

025
조족등 照足燈
Patrol Lantern
조선 후기 | 높이 35.0, 최대지름 22.0 | 서3773

026
포목희도 包目戱賭
Painting of Children Playing Tag,
Album of Genre Paintings
by Kim Jun-geun
김준근 | 20세기 초 | 19.4 × 26.9 | 서21945

027
야금모행 夜禁冒行
Venturing Out after Curfew,
Album of Genre Paintings
by Sin Yun-bok
신윤복 | 조선 후기 | 28.2 × 35.6
간송미술문화재단

028
범야물금첩 犯夜勿禁帖
Night Pass
1873년 | 29.0 × 43.0
서울대학교 규장각한국학연구원

029
조이석 간찰 趙彛錫 簡札
Letter by Jo I-seok
1807년 | 37.4 × 60.9
정해동7665 | 정해동 기증

030
통행금지 전단 通行禁止令
Curfew Notice
1945년 | 25.5 × 19.0 | 서49757

031
야간통행증 夜間通行證明
Night Passes
1972년~1982년 | 10.4 × 6.9 외 | 서기15485

032
수교집록 受教輯錄
Sugyo jimnok
(Collections of Royal Decrees)
1698년 | 31.5 × 21.0 | 서31674

033
형정도: 종로치죄 刑政圖: 鍾路治罪
Painting of Punishment in Jongno
1945년 이후 | 69.0 × 88.0 | 국립민속박물관

034
수표교에서 水標橋: 踏橋
Painting of Dapgyo (Bridge Treading)
on Supyogyo Bridge
이억영 | 1986년 | 68.0 × 69.0 | 서36365

035
릴뤼스트라시옹 제2688호
L'Illustration, No. 2688
1894년 | 41.0 × 29.5 | 서47718

036
한국과 그 이웃나라들
Korea and Her Neighbors: A Narrative
of Travel, with an Account of the
Recent Vicissitudes and Present
Position of the Country
Isabella Bird Bishop | 1898년
21.0 × 14.0 | 서13664

037
한국인의 비극
The Tragedy of Korea
Frederick Arthur Mckenzie | 1908년
20.5 × 14.4 | 서16934

038
서울풍물지
Korea from Its Capital:
With a Chapter on Missions
George William Guilmore | 1892년
19.8 × 12.5 | 송파책박물관

039
버튼 홈즈의 이야기
The Burton Holmes Lectures, Vol. 10
Elias Burton Holmes | 1917년
25.0 × 18.0 | 서11505

040
상투의 나라
Fifteen Years among the Top-knots:
Life in Korea
Lilias Horton Underwood | 1904년
20.9 × 14.8 | 송파책박물관

041
조선:조용한 아침의 나라
Chosön: The Land of the Morning Calm
Percival L. Lowell | 1885년
23.5 × 17.3 | 송파책박물관

042
한국명소사진첩 韓國名所寫眞帖
Photo Album of Korean Landmarks
1908년 | 13.0 × 19.4 | 서54173

043
회중시계 광고전단 懷中時計 廣告傳單
Advertisement for a Pocket Watch
20세기 초 | 29.7 × 21.2 | 서22578

044
회중시계 懷中時計
Pocket Watch
19세기 말~1917년 | 지름 4.8 | 운1104

045
일제강점기사진첩 日帝强占期寫眞帖
Photo Album of the
Japanese Occupation
1910~1920년대 | 13.0 × 18.5 | 서52017

046
경성 京城
Gyeongseong (Now Seoul) Guidebook
일제강점기 | 18.8 × 8.8 | 서27648

047
경성사진 담배카드
Cigarette Cards with Photos
of Gyeongseong (Now Seoul)
일제강점기 | 각 4.0 × 7.0 | 서54199

048
불에 탄 보신각
Bosingak Bell Charred during
the Korean War
임인식 촬영 | 1950년 | 서기3562

049
표창장 表彰狀
Certificate of Appreciation
1952년 | 32.3 × 40.4 | 서기16038

050
보신각 사진
普信閣 寫眞
Photo of Bosingak Belfry
1950년대 | 7.8 × 11.2 | 서27746

051
1950년대 보신각 보수공사 사진
1950年代 普信閣 補修工事 寫眞
Photos of the Bosingak Belfry
Restoration Project in the 1950s
1950년대 | 서기16003

052
서울시 홍보물 - 시정 소식
Newsletter from Seoul City
1984년 | 26.0 × 19.0 | 서51099

053
보신각 새 종 중주 모금
普信閣 新鐘 重鑄 募金
Raising Funds to Cast a New Bell
for Bosingak Belfry
1984년 | 서울기록원

054
보신각종 수송 普信閣鐘 輸送
Hoisting a New Bell at Bosingak Belfry
1985년 | 서울기록원

055
보신각종 주성 계획서
普信閣鐘 鑄成 計劃書
Plan for Casting a New Bell for Bosingak Belfry
1984년 | 30.0 × 22.0 | 서기14480

056
보신각종 중주 계획서
普信閣鐘 重鑄 計劃書
Plan for Casting a New Bell for Bosingak Belfry
1984년 | 29.0 × 23.0 | 서기14481

057
보신각 새 종 외부디자인·조형
Designs for a New Bell for Bosingak Belfry
1980년대 | 33.0 × 27.0 | 서기14479

058
보신각종 중주 보고서
普信閣鐘 重鑄 報告書
Report on Casting a New Bell for Bosingak Belfry
1986년 | 29.5 × 19.5 | 서기14482

059
보신각종 축소 모형 普信閣鐘 縮小 模型
Miniature of the Bosingak Bell
1988년 | 전체 높이 48.0 | 서기11146

060
한국의 범종 韓國梵鐘
Buddhist Temple Bells of Korea
1965년 | 서울우리소리박물관

061
음반
〈다시 불러보는 흘러간 노래 제1집〉
Record by Jeong Won
노래:정원 | 1966년 | 30.5 × 30.5 | 서37939

062
음반 〈여자의 마음/예전에는〉
Record by Yun Sinae
노래:윤시내 | 1984년 | 31.0 × 31.0 | 서37502

063
야간에 가로등이 켜진 종로
Jongno with Lit Streetlights
대한제국 | 한국풍속인물사적명승
국립중앙도서관

보신각, 시간의 울림

Bosingak Belfry: Echoes of Time

발행인

최병구 서울역사박물관장

발행일

2024년 7월

발행처

공평도시유적전시관
서울시 종로구 우정국로 26, 센트로폴리스 지하 1층
T 02 724 0135
http://museum.seoul.go.kr

행정간행물 등록번호 51-6110569-000361-01
ISBN 979-11-90480-94-9(03910)

값 17,000원

03910

9 791190 480949
ISBN 979-11-90480-94-9